AF558827

Achtsamkeit für Kinder

Wie Sie Ihrem Nachwuchs den großartigen Wert der Gegenwart vermitteln und Ihre Kinder zu glücklichen und zufriedenen Menschen erziehen - inkl. Achtsamkeitstagebuch für Kinder

INHALT

Kapitel 1: Einführung in die Achtsamkeit

ZIEL DES BUCHES

Schön, dass Sie sich für die Idee der Achtsamkeit begeistern wollen oder bereits begeistert haben. Viele von Ihnen haben wahrscheinlich schon viel über Achtsamkeit gelesen oder gehört, aber sie noch nie selbst praktiziert. Vielleicht haben Sie sich aber schon lange mit diesem Thema beschäftigt und suchen nun Anregungen, wie Sie es Ihren eigenen Kindern oder Kindern in Ihrem Arbeitsumfeld nahebringen können. Genau hier setzt dieses Buch an.

Alle, die sich nicht sicher sind, wie man Kindern die Praxis der Achtsamkeit lehren kann, werden hier Hilfestellungen finden. Dieses Buch dient nicht dazu, jeden einzelnen Arbeitsschritt aufzuführen, sondern vielmehr, um Inspiration zu bieten.

Dabei lässt es Ihnen als Leser genug kreativen Freiraum und zugleich zahlreiche Hilfestellungen, um die Ideen umzusetzen. Achtsamkeit wird Sie bei dem Ziel begleiten, den Kindern in Ihrer Umgebung eine erfolgreiche Basis für einen gesunden Geist zu schaffen.

Dieses Buch wendet sich also primär an Personen, die den Alltag von Kindern entschleunigen möchten. Ihnen liegt es am Herzen, den Kindern die Möglichkeit zu geben, sich auf eine Sache zu konzentrieren und sich dadurch zu verlangsamen.

Immer häufiger sind nicht nur wir als Erwachsene in unserem täglichen Leben im Stress gefangen, sondern bereits auch unsere Kinder. Kinder sind oft mit den Aufgaben in der Schule überfordert, dazu kommt noch die Herausforderung in der Freizeitgestaltung. Während sie am

Vormittag noch völlig erschöpft vom Fußballtraining am Vorabend im Unterricht sitzen, ist auch nicht die Ruhe am Nachmittag zu erwarten, denn da wird oftmals das Spiel der Überreizung fortgesetzt. Es gelingt ihnen schon im frühen Alter nicht, einmal tief durchzuatmen und nur den Moment zu genießen.

Doch um genau dies zu verhindern, bedarf es der Achtsamkeit. Es ist ein wunderbarer Weg der Ruhe und hilft, die Gedanken der kleinen Wesen wieder in Balance zu bringen, gerade für Kinder, die in der Schule Schwierigkeiten haben oder auch im Verein auffällig sind. Sie sprühen nur vor Energie und setzen diese an den falschen Stellen ein.

Durch die im Buch vorgestellten Praktiken sollen Gefühlen, Gedanken und Impulsen besser gesteuert werden.

Vorab ist darauf hinzuweisen, dass dieses Buch möglichst vollständig gelesen werden sollte, um alle Hintergründe zu verstehen und somit Achtsamkeit besser praktizieren zu können. Das Heraussuchen von gewissen Kapiteln scheint unkomplizierter, hat aber den Nachteil, dass so Wissenslücken entstehen. Diese Lücken repräsentieren sich ebenfalls in der Lehre der Achtsamkeit.

Nur bei vollständigem Verständnis gelingt es Ihnen, Ihr Wissen weiterzugeben. Nur wer selbst Erkenntnisse sammelt, kann diese an zweite weitergeben. Das kennen Sie aus vielen Bereichen im Leben. Dazu gehören neben den positiven Erfahrungen von Achtsamkeit auch die negativen dazu. Gelingt es Ihnen, Ihre negativen Erfahrungen wieder in positive umzuwandeln, so sammeln Sie eine wichtige Erkenntnis: An Misserfolge lehnen sich Erfolge.

Dies ist ein wichtiger Punkt, den Sie auch Kindern weitergeben können. Denn diese werden zu Beginn der Achtsamkeitsprozedur viele Misserfolge erleben. Wenn Sie Kinder dazu auffordern werden, „wieder aufzustehen“, dann liegt es auch in Ihrer Verantwortung, dies nachzuempfinden. Nur wer sich selbst neu entdeckt, kann auch andere, also beispielsweise Kinder, dabei begleiten. Ziel des Buches ist also, sich inspirieren zu lassen und Anleitungen zu finden. Das Internet ist voller Artikel zum Thema Achtsamkeit. Die Kunst liegt darin, die gesamten Informationen zu bündeln und praktikabel zu machen.

Zunächst möchte ich Ihnen, lieber Leser, die Möglichkeit geben, sich einen Überblick über Achtsamkeit zu schaffen. Mir ist klar, dass Sie primär Anleitungen suchen werden, wie Sie Achtsamkeit mit Kindern praktizieren können. Auch diese werden Sie hier finden. Ich möchte Ihnen zeigen, wie Sie und womöglich Ihre eigenen Kinder achtsam durch den Alltag gehen können, um so möglichen Stress zu reduzieren. Gerade zuhause ist es leichter, als Sie vielleicht denken. Zahlreiche Studien haben gezeigt, dass Achtsamkeit enorme Auswirkungen auf die Gesundheit hat, ganz gleich, ob auf die mentale oder physische. Lassen Sie sich davon in den abschließenden Kapiteln dieses Buches überzeugen.

KONZEPT DER ACHTSAMKEIT

Ursprung

Dem Begriff der Achtsamkeit begegnen wir in unserem Alltag immer öfter. Sei es in Zeitschriften über das Glück des Lebens oder im immer mehr praktizierten Yoga. Aber auch im klinischen Kontext oder im Schulalltag wird der Begriff immer gebräuchlicher.

Besonders im psychotherapeutischen Setting werden achtsamkeitsbasierte Techniken häufig verwendet. Es scheint bei der Achtsamkeit um eine Steigerung der mentalen Gesundheit zu gehen, die wiederum die körperliche beeinflusst. Hinter dem Begriff Achtsamkeit verbirgt sich also eine Form der bewussten Wahrnehmung der eigenen Signale. Es können die körperlichen Signale sein, wie z. B. die einzelnen Muskeln zu spüren. Der Fokus liegt hier hauptsächlich im bewussten Wahrnehmen und im „in sich gehen“. Das Bewerten der Handlungen und der eigenen Gedanken sollen dabei in Vergessenheit geraten. Im Moment der Ruhe sollen also Sorgen, Ängste und Erinnerungen an bestimmte Erlebnisse ausgeschaltet werden. Das Besondere an dieser Technik ist das leichte Erlernen. Egal, aus welchem Umfeld der- oder diejenige stammt, es ist jedem Individuum möglich, sich die Technik anzutrainieren. Es ist nicht von Bedeutung, aus welchem sozialen Umfeld die Person kommt oder wie hoch ihr Intelligenzniveau ist.

Ursprünglich stammt die Idee der Achtsamkeit aus dem Buddhismus. Der Buddha benutzt sie in jeglichen Schriften auf Hindi unter dem Begriff „Sati“. Dabei unterteilt er Achtsamkeit in vier Aspekte:

1. Die Achtsamkeit auf die Physis. Dazu gehören die Atmung, die Körperhaltung und die Grundbedürfnisse, wie die Nahrungsaufnahme oder der Toilettengang. Nur so wird es uns möglich gemacht, auf die Signale des Körpers zu hören.

2. Die Achtsamkeit auf die Emotionen. Hier zählt auch deren Einschätzung dazu, also, ob sie angenehm, unangenehm oder neutral empfunden werden. Toxische und tief verwurzelte Gedankenmuster können anhand dessen erkannt und eliminiert werden.

3. Die Achtsamkeit auf den Geist und jegliche Veränderungen des Zustands. So gelingt es dem Individuum, mit sich selbst wachsam zu sein und sich nicht in der Macht der Gewohnheiten zu verlieren. Es gelingt so, das Leben bewusster zu gestalten.

4. Die Achtsamkeit auf mentale Objekte in verschiedenen Formen, wie z. B. Personen, Objekte oder auch Gedanken. Damit sind also das Bewusstsein und die Wahrnehmung für alle Reize gemeint, die man im Moment der Ruhe wahrnimmt. Dieser Augenblick voller Konzentration und reinem Bewusstsein ist eine Form der Achtsamkeit. So kann verhindert werden, dass andere Gegenstände, wie das Handy oder andere Personen, unsere Energie nehmen, die uns vom bewussten Leben abhalten.

Was den Buddhismus dazu verleitet, Achtsamkeit in die tägliche Praxis zu integrieren, wird durch seine Lehre deutlich. Diese beruht auf den vier Wahrheiten, die ihren Fokus auf das Leiden setzen. Damit ist nicht das Leid als Schmerz gemeint, sondern das Gefühl der Unbefriedigung. Dieses Gefühl hält das Individuum – laut der buddhistischen Lehre – davon ab, das Glück zu erreichen. Die Wahrheiten dienen somit zur Durchsicht des gegenwärtigen Lebens und dessen Bewältigung.

Die erste Wahrheit besagt, dass alle Wesen Leiden aufweisen. Leiden kann drei Facetten haben: Das Leid des Leidens, das Leid der Veränderung und das Leid der Bedingtheit. Diese drei Formen des Leidens spiegeln eine mangelnde Akzeptanz der Umstände wider. Deren Ursache liege – laut der zweiten Wahrheit – in der Begierde und der Gier. Damit ist gemeint, dass beispielsweise beim Fehlen von Reichtum, Verlangen, Leidenschaft und Streben nach Ansehen, ein Leiden erzeugt werden kann.

Dieses Leiden ist somit vom Menschen selbst verursacht und hindert ihn daran, glücklich zu leben. Die dritte Weisheit besagt jedoch, dass das Leiden auch erloschen werden kann, indem die Ursache behoben wird.

In der buddhistischen Lehre geht man davon aus, dass durch Ursachenbekämpfung, also durch beispielsweise das Aufgeben des Begehrens, nur gute Konsequenzen folgen können. Es wird demnach davon ausgegangen, dass Karma vermieden werden kann, indem man gute Taten vollzieht. Wenn man also die Ursache aus dem Leben schafft, geht man den sogenannten Edlen Achtfachen Pfad. Dieser Pfad der Selbstkontrolle und der Suche nach Balance macht die vierte Wahrheit aus. Dieser berühmte Pfad gliedert sich in acht Segmente, die jeweils einer von drei Gruppen zugeordnet sind. Den Gruppen zugehörig sind die Aspekte Weisheit, Sittlichkeit und Vertiefung. Die Erkenntnis, dass der Buddhismus und der Edle Achtfache Pfad inbegriffen, das Ziel des Glücks erreichbar machen, und auch die Absicht, niemandem schaden zu wollen und den Frieden mit seinen Mitmenschen zu suchen, sind die Basis der Gruppe Weisheit.

Die „Rede" ist das Fundament dafür, wie man den Mitmenschen begegnen kann und sollte deshalb – nach der Lehre des Buddhismus – so verwendet werden, dass sie niemandem schadet und frei von Lüge, Hitze und Schaden ist.

Die „Rede" ist somit neben dem Handeln und dem Lebenswandel Teil der Gruppe Sittlichkeit. Das Handeln sollte stets ohne Schaden für Mitmenschen erfolgen, mit anderen Worten, das Handeln sollte ohne Gewaltanwendung, ohne jegliche Formen von Aggressionen und immer fair sein.

Unter Lebenswandel ist zu verstehen, dass das Individuum sich einen Beruf suchen sollte, der nur das Wohlbefinden des Umfelds steigert und nicht im Gegenteil reduziert. Es sollte also kein Beruf sein, der Waffen oder schädliche Substanzen verwendet, um seine Ziele zu erreichen. Das Streben, das im eigenen Willen, in der Begierde und in der Regulation negativer Emotionen repräsentiert ist, bildet u. a. die dritte Gruppe der Vertiefung. Daneben existiert, wie zuvor schon genannt, der Aspekt der Achtsamkeit. Den dritten Part dieser Gruppe übernimmt der – sich der Achtsamkeit ähnelnde – Aspekt der Sammlung, der den Zustand beschreibt, in dem sich das Individuum mental ordnet, also jegliche Gedanken und Gefühle kontrolliert und sozusagen reorganisiert.

Im Pfad der Achtsamkeit wird darauf eingegangen, dass das Leben voller Dynamik ist und es nicht immer in unserer Macht steht, wie es verläuft. Tagtäglich ändern sich die Umstände und somit auch unsere Erwartungen an das Leben. Genau da setzt auch die Achtsamkeit an, denn sie macht es möglich, mit diesen Veränderungen umgehen zu können. Sie geht weiterhin darauf ein, dass das Leben einer Leidhaftigkeit unterworfen ist und somit die Existenz des Menschen mit einem Gefühl des Leids einhergeht. Die Annahme, dass ein Mensch unveränderlich ist, verwirft der Buddhismus. Er geht viel mehr davon aus, dass der Mensch sich abhängig von Situation und sozialem Umfeld verändern kann und somit auch seinen Geist.

Dieses Privileg nutzt auch die Achtsamkeit und versucht einen Umgang mit nicht erfüllten Erwartungen zu lehren. Es geht also weniger um die Veränderung der Zustände, sondern vielmehr um die Akzeptanz, dass Dinge so passiert sind, wie sie sind. Die Achtsamkeitslehre ist somit darauf bedacht, dem Individuum das Hier und Jetzt einzuräumen und seine Gedanken über die Vergangenheit oder Zukunft auszublenden.

Das Hier und Jetzt samt aller Gedanken und Emotionen. Analog dazu gehören das Mitgefühl und die Mitfreude, die man sich selbst und seinen Mitmenschen schenken sollte. Die Konzentration fällt auf die Präsenz des Seins und äußert sich in einfachen Zuständen wie der Atmung. Die Atmung ist in der Lage, uns in die Gegenwart zu bringen. Nur so gelingt es dem Menschen, Distanz zu sich selbst aufzunehmen. Die so erzeugte Stille und der innere Frieden in uns machen es folglich möglich, alles Vergangene unter Einbeziehung der Mitmenschen von Geburt an bis zum jetzigen Zeitpunkt zu reflektieren.

Auch wenn es dem Menschen nicht gefällt, sich auf die Gegenwart zu konzentrieren, ist es genau das, was er braucht. Das Unbehagen, das er im Hier und Jetzt verspürt, ist lediglich ein Ausdruck dafür, dass er in die Zukunftsgedanken fliehen möchte, um sich nicht mit der Gegenwart beschäftigen zu müssen. Denn diese stellt aufgrund ihrer mangelnden Veränderbarkeit eine viel größere Herausforderung dar. Zukunftsgedanken sind aber paradoxerweise die viel schädlicheren Gedanken für das Individuum, da sie Angstzustände und Ungewissheit evozieren. Der Mensch aber sieht es in diesem Moment nicht, weil er glaubt, dass Zukunftsgedanken ein Gefühl der Kontrolle mit sich bringen. Dem ist aber nicht so. Auch der Gegenwartszustand ist nicht immer kontrollierbar, umso weniger die Vergangenheit. Das Ziel ist aber auch nicht, Dinge kontrollierbar zu machen, sondern sie zu akzeptieren.

Die Akzeptanz ist das Fundament der Achtsamkeit. Achtsamkeit scheint also mehr als nur eine Form von Meditation zu sein, nämlich eine Haltung dem Leben gegenüber. Sie kann zwar nicht den Stress im Leben verhindern, kann aber dem Menschen dabei helfen, mit diesem auf eine gesunde, nicht toxische Weise, umzugehen.

Achtsamkeit ist ein Weg, um sich mit sich selbst und der eigenen Erfahrung anzufreunden. – Jon Kabat-Zinn –

Ein großer Verfechter des buddhistischen Achtsamkeitskonzept ist der vietnamesische Mönch Thich Nhat Hanh. Ihm ist es gelungen, die westliche Bevölkerung mit dem spirituellen Geist des Buddhismus zu verknüpfen, und schafft damit, die moderne Welt mehr in Einklang mit der Lehre zu bringen. Seine weltweit verbreiteten Kloster, die sogar in Europa und in der USA vertreten sind, machen es möglich, der westlichen Zivilisation Achtsamkeit nahezubringen und ihr Leben in Balance zu bringen. Thich Nhat Hanh macht deutlich, dass das Glück in unseren Händen liegt und Achtsamkeit ein stetiger Begleiter dafür ist:

Unsere Gier und unser Hass, unser Ärger und unsere Eifersucht und auch unsere Gewohnheitsenergien bedingen unsere Wahrnehmungen. Indem wir Achtsamkeit üben, unseren Geist sammeln und tiefes Schauen praktizieren, können wir Irrtümer in unseren Wahrnehmungen entdecken und uns von Angst und Anhalten befreien.

Seine Lehre manifestiert sich in der Energie der Achtsamkeit. In ihr sieht er das Potenzial, sich selbst zu beschützen und Emotionen zu kontrollieren, um sich von toxischen Zuständen befreien zu können.

Grundlegende Aspekte

Nicht nur der südöstliche Raum in Asien hat die Achtsamkeit schon früh entdeckt, sondern auch die moderne Wissenschaft hat erkannt, dass unser Wohlbefinden durch sie gesteigert werden kann.

Eine der bekanntesten Wissenschaftler in der modernen Welt ist Jon Kabat-Zinn. Der Medizinprofessor gründete eine Stressreduktionsklinik und lehrte von Beginn an Achtsamkeitsmeditationen. Dort schaffte er ein Konzept, das zuvor nicht in der westlichen Medizin existierte: Die Mindfulness-Based Stress Reduction (MBSR).

Dieses Programm umfasst acht Wochen, in denen Yoga, Aufmerksamkeitsübungen und Achtsamkeitsmeditation gelehrt werden. Kabat-Zinn konzentriert sich auf den Zusammenhang zwischen körperlicher und psychischer Gesundheit, der auch schon früh im Buddhismus gelehrt wurde und integriert somit eine neue Perspektive in die klassische Medizin.

Parallel zur spirituellen Lehre geht auch er davon aus, dass in der Praxis von Achtsamkeit bestimmte Grundhaltungen notwendig sind. Nur durch die Einhaltung dieser Weisheiten sei es möglich, sich weiterzuentwickeln und alte Gewohnheiten, die einen schädlichen Einfluss auf uns haben können, aus unserem Leben zu entfernen. Folgende Punkte sind die acht Grundhaltungen der Achtsamkeit:

1. Frischer Augenblick. Viele Dinge, die wir sehen, sind durch Meinungen geprägt, sodass wir nicht mehr in der Lage sind, Objekte oder Personen neutral zu sehen. Voreingenommene Ansichten können uns aber davon abhalten, Neues zu entdecken oder sich weiterzuentwickeln. Der Augenblick sollte vielmehr so wahrgenommen werden, wie es Kinderaugen tun würden. Vollkommen unvoreingenommen und im gegenwärtigen Moment.

2. Keine Bewertung. Es klingt tatsächlich einfacher, als es ist. Egal, was wir sehen, fühlen oder hören, wir geben ganz intuitiv sofort eine Bewertung ab. Das ist ein automatischer Prozess, den wir benötigen, um Entscheidungen zu treffen. Doch wir dürfen uns nicht darin verlieren, weshalb es wichtig ist, auch mal inne zu halten und die eigene Bewertung wahrzunehmen. Man kann auch Dinge, die um uns herum passieren, einfach feststellen, ohne sie sofort in unsere vorherigen Erfahrungen zu integrieren, die schließlich dann zu einer Bewertung führen können. Es geht also nicht darum, Objekte und Taten auszublenden, sondern sie einfach hinzunehmen, ohne urteilende Gedanken beizufügen.

3. Akzeptanz. Es ist ein sehr schwieriger und aktiver Prozess, Dinge so zu akzeptieren, wie sie sind. Die Kunst liegt darin, Unerwartetes oder Unerwünschtes hinzunehmen und nicht weiter darüber nachzudenken, wie es hätte besser verlaufen können. Genau solche Gedankenmuster hindern uns nämlich daran, im Leben weiterzukommen. Wir stagnieren, wenn wir uns darüber ärgern, wie Dinge passiert sind und vergeuden Zeit, stattdessen unsere Wunschvorstellungen zu durchdenken. In der Akzeptanz liegt dagegen die Kraft, um sich vom Leiden zu befreien.

4. Sich freimachen. Dinge, die uns belasten und uns tagtäglich Energie rauben. Es müssen nicht unbedingt Objekte oder Menschen sein, sondern es können ebenfalls unsere eigenen Gedanken und Gefühle sein. Die Empfindungen, die uns darin hindern, offen für Neues zu sein und unsere Perspektive einschränken. Wer es aber schafft, sich von all diesen Mustern freizumachen, kann viel erreichen.

Nur durch das Loslassen gelingt es uns, Freiheit zu spüren. Ein einfaches Beispiel wäre das Klammern an Personen, die uns nicht wollen, wir aber unsere komplette Energie darin verwenden, sie festzuhalten. Aus diesem Teufelskreis kann man nur entfliehen, wenn man sich freimacht von jeglichen Gefühlen und Gedanken, die mit der Person verbunden sind.

5. Geduld. Dies ist ein großes Thema, denn in einer Gesellschaft, in der alles immer schneller und besser verlaufen muss, ist Geduld ein vermeintlicher Widerspruch. Immer häufiger vergessen die Menschen, mit sich und anderen geduldig zu sein. Doch auch hier liegt eine der größten Kräfte. Verhalten oder Zustände können sich nicht von jetzt auf gleich verändern, denn sie benötigen Zeit. Der Prozess der Veränderung ist essentieller, als wir denken, denn auch er kann viel in uns bewirken. Nur wer geduldig mit sich ist, wird große Veränderungen bemerken und sie zu einem Teil seines Lebens machen.

6. Vertrauen in sich und seine Mitmenschen. Manch eine/-r gewinnt sofort Vertrauen in seine Mitmenschen, andere wiederum benötigen viel Zeit, um sich dem Gegenüber hinzugeben. Genauso funktioniert es auch mit dem Vertrauen in uns selbst. Das Vertrauen in uns selbst stellt eine Voraussetzung dar, um anderen Vertrauen zu schenken.

7. Handeln ohne jeglichen Druck. Taten ohne jegliche Absicht scheinen für uns leistungsorientierte Individuen unvorstellbar. Warum sollten wir etwas machen, was sinnlos und nicht zielführend ist? In einer Zeit, in der die To-do-Liste immer länger wird, mag es unsinnig sein, einfach mal das Nichtstun zu genießen. Immer mehr Menschen fällt es schwer, sich von dem Gedanken zu verabschieden, dass sie unproduktiv sein dürfen. Aber lediglich der Leerlauf macht es realisierbar, Dinge zu reflektieren, und somit unsere Effizienz zu steigern.

8. Dankbarkeit. Tagtäglich bedanken wir uns bei unseren Mitmenschen und es verläuft oftmals automatisch. Wir bedanken uns bei der Verkäuferin für das Rückgeld, für das Offenhalten der Türe oder für ein

Kompliment, das das Gegenüber ausgesprochen hat. Es klingt sehr einfach, sich bei seinen Mitmenschen zu bedanken, aber verspürt man diese Leichtigkeit auch bei einem „Danke" an sich selbst? Es scheint so belanglos und selbstzentriert, doch es ist viel wichtiger, als wir denken. Unser Körper trägt uns jeden Tag durchs Leben und trotzdem schenken wir ihm viel zu selten eine Geste der Dankbarkeit. Es ist viel zu selbstverständlich geworden, dass wir alles schaffen und wir einfach so funktionieren. Die Vollkommenheit wird aber nur durch Liebe und Großzügigkeit sich selbst gegenüber erreicht.

In der Achtsamkeit geht es also um zwei grundlegende Mechanismen: Die Selbstregulation und die innere Haltung. Das klingt zunächst abstrakt, aber eigentlich ist es ein sehr banales Konzept. Voraussetzung einer achtsamen Lebensweise ist, dass man seine eigenen Gefühle und Gedanken erkennt und sie regulieren kann. Die Aufmerksamkeit soll also weniger auf unserer Umwelt liegen, sondern vielmehr auf uns selbst. Was möchte mir mein Körper damit gerade sagen? Wie fühle ich mich in diesem Moment? Zudem ist es essentiell, eine innere Haltung zu bewahren, die uns Energie gibt und nicht raubt. Dies erreicht man nur, wenn man sich selbst Liebe schenkt, mit sich geduldig ist, und sich so akzeptiert, wie man ist. Dazu gehören auch die Aspekte der Empathie sich selbst gegenüber und der des Nicht-Bewertens.

Wer friedlich mit sich selbst ist und sich nicht für alles verurteilt, was er falsch gemacht hat, kann es schaffen, positiv durchs Leben zu gehen. Das Konzept der Achtsamkeit ist also nicht unbedingt ein angeborener Mechanismus, sondern wunderbar erlernbar. Gedankenmuster können verändert werden und die Achtsamkeit auf sich selbst kann geschult oder sogar verbessert werden. Es sollte weniger als eine Charaktereigenschaft betrachtet werden, sondern darüber hinaus als Fähigkeit, die ausgebildet werden kann.

Man kann das Meer nicht beeinflussen. Man kann die Wellen nicht aufhalten, aber man kann surfen lernen. Surfen ohne Segel. – Jon Kabat-Zinn –

Kapitel 2: Voraussetzungen

Generell ist festzuhalten, dass es nicht *die* Voraussetzungen für die Achtsamkeitslehre gibt. Dennoch gibt es wesentliche Aspekte, die dazu beitragen und in diesem Kapitel vorgestellt werden. Es bedarf kein Mindestalter, dennoch lassen sich Achtsamkeitsübungen am besten ab einem Alter von fünf Jahren anwenden. Gerade für Kinder, die eher weniger Selbstvertrauen haben und viel Verunsicherung im Umgang mit anderen Menschen verspüren, eignet sich die Achtsamkeitspraxis.

MOTIVATION

Die Motivation kann unser bester Freund und zugleich unser größer Feind sein. Der Begriff Motivation beschreibt den Zustand, eine bestimmte Handlungsalternative auszuwählen, um ein Ziel zu erreichen, und sorgt dafür, dass das Verhalten daraufhin angepasst wird. Wir als Lehrperson oder Elternteil können unsere Kinder motivieren, wenn sie es zulassen. Dabei sollte man immer kleine Schritte gehen und den Prozess als motivierende Funktion betrachten.

Versuche nicht zu viele Dinge auf einmal zu tun. Wisse, was du willst, was die wichtigste Sache heute und morgen ist. Bemühe dich beharrlich und schaffe es. – George Allen –

Hier ein paar Tipps zur erfolgreichen Umsetzung:

• **Die Voraussetzungen des Kindes herausfinden**. Ist es in der Lage, etwas Neues zu beginnen? Hat das Kind genug Verlangen danach? Vorab sollte auch geprüft werden, welche Gründe es geben könnte, warum Kinder motiviert, bzw. unmotiviert sind. Ist es unterfordert oder sieht es keinen Grund, sich noch anzustrengen? Bei einer Überforderung ist das Kind so gestresst, dass es nicht noch mehr Anstrengungen in seinem Leben benötigt.

- **Kinder benötigen das Gefühl, etwas richtig gemacht zu haben**. Sie möchten gelobt werden, wenn sie einen Erfolg erlebt haben. Dabei sollten wir als Lobende darauf achten, dass wir die Kinder in den Erfolgen loben, die sie selbst aktiv ausgelöst haben. Das können Disziplin, Anstrengungen oder Versuche gewesen sein. Ein Lob sollte zudem spezifisch ausgedrückt werden. Es genügt nicht, das Lob allgemein zu halten. Sätze wie „Mathematik kannst du sowieso gut" sollten durch „Im Mathematikunterricht kannst du besonders gut das Kopfrechnen. Das kommt bestimmt vom ganzen Üben. Super!" ersetzt werden. Beschränken Sie sich also am besten auf bestimmte Aspekte.

- **Zeigen Sie an Dingen, die das Kind durchführt, Interesse**. Bleiben Sie neugierig und stellen Fragen. So wird es ermutigt, diese Tätigkeit noch öfter durchzuführen, und kreativer zu werden.

- **Zu Beginn einer neuen Übung oder Tätigkeit sollten diese zu den besten Zeiten am Tag praktiziert werden.** Es ist ratsam, sich dem Biorhythmus anzupassen. Demnach sind Kinder morgens am leistungsfähigsten und am Abend werden sie müde. Daher empfiehlt es sich, Neues in den Vor-bis Nachmittagsbereich zu legen.

- **Kinder sind nicht gerne allein.** Begleiten Sie Ihr Kind bei den Übungen. Lassen Sie das Kind lieber nach und nach allein. So kann sich das Kind daran gewöhnen, dass es auch allein üben kann.

- **Bemerken Sie die Fortschritte des Kindes.** Wenn das Kind erkennt, dass es von Mal zu Mal besser wird, steigt automatisch auch die Motivation. Weisen Sie das Kind aktiv darauf hin, dass Sie sehen können, dass sich seine Anstrengungen gelohnt haben. Aussagen dieser Art erzeugen in dem Kind Selbstsicherheit, Herausforderungen annehmen zu können.

GEDULD

Es ist dabei nicht nur die Geduld des Kindes gefragt, sondern auch Ihre. Das Gute an dem Konstrukt Geduld ist, dass man es lernen kann. In der heutigen Zeit, in der alles immer schneller gehen muss, stellt es eine enorme Herausforderung dar, mit unseren Kindern achtsam umzugehen.

Ihnen all die Zeit zu geben, die sie benötigen und keinen Druck aufzubauen. Immer wieder werden Sie sich, wenn Sie darauf achten, dabei ertappen, auf die Uhr zu schauen. Zeit gibt uns Sicherheit, aber lässt uns auch die Beziehung zum Augenblick verlieren. Schlangen vor der Kasse, Stunden im Amt oder Staus auf der Autobahn machen uns nervös. Wir haben verlernt, einfach mal nichts zu tun.

Für einen achtsamen Umgang mit Kindern bedarf es jedoch viel Geduld. Versuchen Sie doch mal, dies mit einer einfachen Übung zu fördern. Setzen Sie sich dazu an einen ruhigen Ort, stellen die Stoppuhr auf eine Minute, und schließen Sie die Augen. Alles, was Sie nun tun dürfen, ist atmen. Kommt Ihnen die Zeit lange vor?

Wiederholen Sie die Übung öfter, wenn Sie bemerken, dass es Ihnen schwerfällt, geduldig mit Ihrem Kind umzugehen.

Auch für das Kind ist es schwer zu lernen, sich zu gedulden. Es ist gar nicht mal so leicht, abzuwarten, nicht sofort seinen Willen zu bekommen, und die Ruhe auszuhalten.

ROLLE DER ELTERN

Besonders Eltern haben eine wichtige Position beim Thema Achtsamkeit. Manchmal bemerken wir es gar nicht, aber in vielen Bereichen gehen wir – ohne uns dessen bewusst zu sein – achtsam mit unseren

Kindern um.

Es passiert uns jedoch auch des Öfteren, dass wir unseren Kindern unachtsam begegnen. Wir reagieren nicht, wenn eine Nachricht auf unserem Smartphone aufpoppt, oder hören nicht richtig zu, wenn uns das Kind etwas erzählt.

Es ist in Ordnung, nicht perfekt zu sein. Durch das Reflektieren unserer kleinen Fehler können wir lernen und darauf achten, bei der nächsten Interaktion mit unserem Kind achtsamer vorzugehen. Nur wer Fehler macht, kann beim nächsten Mal mehr darauf achten, wohlüberlegt und achtsam zu entscheiden.

Auch wenn Sie mal wütend gegenüber dem Kind reagieren, ist das eine vollkommen normale Reaktion. Horchen Sie nur danach in sich hinein, was das Kind in Ihnen für Prozesse ausgelöst hat. Denn es ist womöglich nicht die Schuld des Kindes und auch das Kind ist nicht der Grund, warum Sie Wut verspürt haben.

Es ist vielmehr ein Ausdruck dessen, dass Sie das Verhalten des Kindes an ein bestimmtes Erlebnis erinnert hat oder sich hinter Ihrer Wut eine Angst verbirgt. Aus der psychologischen Perspektive repräsentiert nämlich Wut eigentlich nur eine Form von Angst. Ängste, die wir verdrängen und nicht wahrhaben wollen. Es ist jedoch viel einfacher, unseren Mitmenschen Wut zu offenbaren, denn sie macht uns – im Gegensatz zur Angst – nicht verletzbar.

Angst zu äußern, heißt für viele in unserer Gesellschaft, schwach zu sein. Denn das, was uns vorgelebt wird, ist Perfektion und Stärke. Für uns ist Wut die einzige Möglichkeit, die verborgenen Ängste zum Ausdruck zu bringen. Wut ist akzeptiert und in unserer Gesellschaft vollkommen etabliert. Das Problem an dem Gefühl von Wut ist allerdings, dass wir sie oftmals auf andere Objekte und somit auch auf andere Personen projizieren.

Kinder drücken unsere Knöpfe. Als Eltern reagieren wir meist mehr so, wie wir selbst erzogen wurden als so, wie unsere Werte oder unser wahres Wesen reagieren würde. – Myla Kabat-Zinn –

Beim nächsten Mal, wenn wir unserem Kind wieder einmal gereizt begegnen, sollten wir stattdessen uns selbst hinterfragen: Welches Thema steckt hinter meinem Zorn? Welche Angst steckt dahinter?

Wenn Ihr Kind Sie fragt, ob es heute etwas länger draußen bleiben darf und es in Ihnen Ärger auslöst, dann steckt vielleicht nur die verdrängte Angst dahinter, dass Ihrem Kind etwas zustoßen könnte und Sie es verlieren könnten.

Wenn Sie also wütend werden, halten Sie vor der Reaktion kurz inne und betrachten noch einmal kurz die Situation von außen. Geben Sie dem Automatismus nicht nach, sondern führen Sie sich die zuvor genannten Aspekte vor Augen. Auch wenn das Kind oft eine sofortige Antwort erwartet, ziehen Sie sich lieber vorher wenige Minuten zurück und beantworten Sie dann seine Frage. Der Unterschied kann enorm groß sein, wenn man bewusster reagiert und nicht im Affekt.

An manchen Tagen werden Sie scheitern, wenn beispielsweise schon viel passiert ist oder belastende Ereignisse vorgefallen sind. Trotzdem tun Sie das Beste und sind keineswegs ein Versager. Es geht nicht darum, immer perfekt zu handeln, sondern um die Erweiterung des Bewusstseins.

Ein achtsamer Umgang zwischen Eltern und Kind besteht aus drei wesentlichen Aspekten, die wir meistens ganz intuitiv in die Tat umsetzen: Die freundliche Begegnung, das verständnisvolle, offene Auftreten und die Akzeptanz. Führen Sie sich diese Punkte immer wieder vor Augen, um ein Gefühl der Wertschätzung und des Verständnisses beim Kind zu erzeugen. Dabei stellt Akzeptanz die größte Hürde dar. Es ist die schwierigste Aufgabe für das Individuum, Dinge hinzunehmen und sie nicht verändern zu können. Denn eigentlich ist das menschliche Wesen kontrollbedürftig und verlangt soweit es geht Autonomie. In manchen Situationen ist dies jedoch nicht möglich und dies gilt es, zu akzeptieren. Es klingt so einfach und doch ist es das nicht.

Auch die eigenen Schwächen fordern ein Recht auf Heimat. Sarah Klose –

Wir alle haben eine bestimmte Erwartung an unser Leben. Wenn diese nicht erfüllt wird, fühlen wir uns verunsichert oder sind traurig. Anstatt die negativen Emotionen zuzulassen, sollten wir nach vorne schauen und uns nicht am Geschehenen aufhängen.

In diesen Momenten zählt es, die Dinge zu erkennen, die schief gelaufen sind und dann hinter sich zu lassen.

Du kannst deine Augen schließen, wenn du etwas nicht sehen willst, aber du kannst nicht dein Herz verschließen, wenn du etwas nicht fühlst.
– Johnny Depp –

Nur wer akzeptiert, kann Neuem einen Raum geben. Lernen Sie, sich und dem Leben zu vertrauen. Die Kunst liegt darin, die Gefühlslage anzunehmen und sich selbst weiterhin Wertschätzung zu schenken.

Auch Kinder fordern häufig, dass bestimmte Dinge oder Zustände aufhören sollen. Es beginnt bereits in der frühen Kindheit und wird gerade in der Pubertät stärker. Kinder mögen es nicht, krank zu sein, nicht mehr spielen zu können und sehnen sich nach Genesung.

In der Pubertät ist es häufig die eigene Figur oder/und die Haut im Gesicht, die sich verändern, und schlecht zu akzeptieren sind. Manchmal kann man diese Zustände ändern, manchmal nicht. Nicht alle unsere

Erwartungen und Wünsche sind im Leben erfüllbar und die Akzeptanz dessen, ist eine schwierige Übung, auch für Kinder. Ihre Aufgabe liegt darin, die Kinder bei diesem Prozess zu begleiten. Zeigen Sie dem Kind, dass es an seiner Haltung dem Zustand gegenüber arbeiten kann.

Zudem spielt das offene und verständnisvolle Auftreten eine immense Rolle in der Beziehung zwischen Kindern und Erwachsenen. Zunächst einmal ist dabei die achtsame Anwesenheit ein Teil davon.

Damit ist die nicht urteilende Haltung im Gespräch mit dem Kind gemeint. Auch wenn wir immer meinen, nur ein guter Zuhörer zu sein, wenn wir viele Fragen stellen, genügt im Grunde lediglich unsere Präsenz. Indem wir dem Kind zuhören, offen auf seine Erzählungen reagieren und interessiert sind, schenken wir ihm sehr viel Wertschätzung. Unzählige Fragen können in dem Kind eher das Gefühl erwecken, alles ausquetschen zu wollen und könnten dazu führen, dass sich das Kind verschließt.

Schauen Sie also lieber hin, was das Kind Ihnen erzählt und wenden Sie sich nicht ab. Sie müssen nicht immer reagieren, aber seien Sie anwesend, wenn Ihr Kind beispielsweise einen Wutanfall bekommt. Auch die alleinige Anwesenheit baut Vertrauen in dem Kind auf. Seien Sie umsichtig und haben Verständnis, wenn das Verhalten eines oder Ihres Kindes nicht den eigenen Erwartungen entspricht. Nur mit Geduld können wir Kinder erreichen und eine wertschätzende Beziehung zu ihnen aufbauen.

Ein weiterer Faktor in dem achtsamen Umgang stellt die freundliche Begegnung dar. Freundlichkeit löst eine der schönsten Emotionen in uns aus und steigert unser Wohlbefinden. Das kennen Sie doch selbst zu gut. Wenn Ihnen die Menschen ohne Grund auf der Straße zulächeln, dann laufen Sie doch selbst auch mit einem Strahlen im Gesicht durch die Gegend. Häufig sind wir irritiert, warum uns Menschen anlächeln, obwohl wir sie doch gar nicht kennen. Aber probieren Sie es doch auch mal aus. Die meisten unserer Mitmenschen reagieren zurück.

Freundlichkeit kann man zwar vorspielen, aber ein wahres Lächeln können wir auf Anhieb erkennen. Je freundlicher und herzlicher wir Kindern begegnen, desto mehr kommen sie auf uns zu. Gelingt es uns, eine positive, warme und aufgeschlossene Grundstimmung zu bewahren, erkennt das Kind, dass es in uns Sicherheit findet.

Eine heitere Atmosphäre zuhause oder in der Schule erzeugen in dem Kind Vertrauen, Wohlwollen und eine gesunde Persönlichkeitsentwicklung. Freundlichkeit erzeugt in uns Offenheit und Wärme.

Im Vordergrund der Erziehung oder in der Lehre sollte demnach weniger die erzwungene Disziplin stehen, sondern vielmehr die Zusammenarbeit, also die Kinder gleichwürdig zu respektieren, und natürlich das Einfühlungsvermögen.

Bindung

Bindung ist u. a. eine Voraussetzung, dass Kinder uns ihre eigenen Gefühle offenbaren. Wir können ihnen zeigen, dass es in Ordnung ist, wütend, traurig oder glücklich zu sein. Gefühle sollten zugelassen werden und von uns erkannt werden. Werden sie unter den Tisch gekehrt, nicht beachtet, wird dem Kind vermittelt, dass es besser sei, diese für sich zu behalten.

Das erzeugt jedoch viel Druck in dem Kind. Mit Gefühlen sollte achtsam umgegangen werden, ihnen sollte liebevolle Aufmerksamkeit geschenkt werden. Kinder sollten lernen, dass sie ihre Emotionen nicht verdrängen sollten, sie stattdessen annehmen, aber dann auch wieder loslassen.

Sie gehören zwar zu einem, aber sie machen den Menschen nicht aus. Nur weil jemand manchmal Traurigkeit verspürt, ist nicht direkt ein trauriger Mensch. Kinder sollten sich niemals mit ihren Gefühlen identifizieren.

Du kannst nicht verhindern, dass die Vögel der Besorgnis über deinen Kopf fliegen, aber du kannst verhindern, dass sie sich auf deinem Kopf ein Nest bauen. – Martin Luther -

---

Kommen wir noch einmal zurück auf den Begriff Bindung. Dabei ist anzumerken, dass Bindung, neben Hunger und Durst, ein Grundbedürfnis ist. Keine Bindung kann krank machen und bis zum Tod eines Säuglings führen. Wir Menschen sind soziale Wesen und wenn es uns nicht möglich ist, dies zu entfalten, erfahren wir Stress.

Stress fährt wie wir alle wissen unser Immunsystem herunter und macht uns anfällig für jegliche Infektionen. Umso wichtiger also, dass wir zu Kindern eine Bindung aufbauen. Die essentiellste bleibt weiterhin diejenige zwischen Mutter und Kind. Aber auch die Bindung zu anderen Familienmitgliedern, Erziehern, Großeltern oder Lehrern stellt eine wichtige für das kindliche Wohlbefinden dar.

Die Bindung zwischen Mutter und Kind ist die Basis für die nächsten Beziehungen, die das Kind im weiteren Lauf seines Lebens eingeht: Beziehungen zu Freunden oder zum ersten Partner. Wird allerdings auf das Bindungsbedürfnis des Kindes nicht eingegangen, kann es leicht passieren, dass es zu einer Reduktion des Selbstwerts beim Kind kommt. Im Erwachsenenalter wird es dem Kind entweder schwerfallen, eine enge Bindung zu einem Menschen einzugehen, oder es entwickelt eine ungesunde Abhängigkeit zu dem Partner.

Kinder binden sich und offenbaren dadurch eine Form der Liebe und Wertschätzung. Aber genau diesen Aspekt spiegelt auch die Mutter dem Kind wider. Denn, indem sie sich um das Kind kümmert, auf seine

Bedürfnisse eingeht, zeigt sie ihm, dass sie sich über seine Existenz freut. Diese Bestätigung und Anerkennung wiederum erzeugen ein Selbstwertgefühl in dem Kind, das eine immense Rolle in der ganzen Persönlichkeitsentwicklung spielt.

Für das Offenbaren von Gefühlen ist der Begriff Empathie zentral. Empathie bedeutet, sich in die Einstellungen anderer Menschen einzufühlen. Empathie erlernen wir schnell und schauen sie uns von unseren Eltern ab. Wir erfahren sie schon früh, wenn wir als Säugling schreien und unsere Mutter auf uns reagiert. Sie empfindet ihr Kind nach und sorgt dafür, dass es ihm besser geht.

Auch Säuglinge untereinander empfinden Empathie, das können Sie wunderbar erkennen, wenn Sie diese nebeneinanderlegen und einer von ihnen zu schreien beginnt. Es dauert nicht lange und schon schreit auch der andere Säugling. Dies ist sozusagen eine Art Anteilnahme und evoziert somit eine tiefe Verbundenheit mit dem Gegenüber. Verspürt das Kind wenig Empathie seiner Gefühle und Wünsche, passt es sich seinen Eltern an.

Kinder spüren, wenn sie eine Last sind und sehen sich schnell in der Verantwortung, die Beziehung zu den Eltern zu verändern. Sie stellen ihre eigenen Emotionen in den Hintergrund, um den Eltern zu gefallen und begehen damit einen großen Fehler: Die Unterdrückung der eigenen Gefühle und Gedanken. Ab diesem Zeitpunkt wird es ihnen nur schlecht gelingen, mit ihren Emotionen umgehen zu können. Das Kind wird mit seinen Emotionen allein gelassen. Die Fähigkeit, Gefühle zu unterscheiden und zu benennen, eine Form der Achtsamkeit, geht dabei verloren.

Achtsames Zuhören

Dem Kind zuzuhören ist nicht immer einfach. Mit Sicherheit kennen Sie das Gefühl, wenn sie von der Arbeit heimkommen, die To-do-Liste nicht so abgearbeitet wurde, wie Sie es sich gewünscht hätten und das Abendessen noch zubereitet werden muss. Ihr/-e Partner/-in hat es seit heut Morgen nicht geschafft, die Spülmaschine auszuräumen und die ganze Hausarbeit bleibt an Ihnen nach einem anstrengenden Tag hängen. In all Ihren Gedanken, was noch alles ansteht, kommt Ihr Kind noch dazwischen und will etwas von Ihnen. Wo ist der Moment zum Durchatmen? Ihr Kind hat Sie den ganzen Tag kaum zu Gesicht bekommen und möchte freudig von seinem Tag erzählen. Aber eigentlich haben Sie keinen Kopf dazu. Das sind Situationen, die nicht selten auftreten und deshalb ist es wichtig, darauf hinzuweisen, dass man auf sie achtet. Auch Kinder müssen lernen, dass Sie erschöpft sein können.

Die Gefühle der Eltern zu erkennen, ist eine wichtige Fähigkeit, um das Mitgefühl für Mitmenschen im Kind zu fördern. Zudem sollte das Kind erfahren, dass der Gemütszustand von anderen nicht seine Schuld ist. Denn wir als Erwachsene strahlen mit unbewussten Körpersignalen den Kindern gewisse Desinteresse in diesen Momenten aus, und dies kann fatale Folgen für das Wohl des Kindes haben. In solchen Situationen ist es ratsam, dem Kind mitzuteilen, dass Sie in fünf Minuten zu ihm kommen, aber kurz noch die Schuhe ausziehen oder zur Toilette gehen müssen, um sich zu sammeln. Auf der Toilette genießen Sie wenige Minuten der Ruhe und sortieren Ihre Gedanken. Mit „neuer" Kraft können Sie sich dann dem Kind für ein paar Minuten widmen, bevor Sie Ihrer Hausarbeit nachgehen.

Es stellt zwar eine enorme Herausforderung dar, aber es ist wichtig, das Kind spüren zu lassen, dass ihm zugehört wird. Das Zuhören sollte bewusst verlaufen und Ihre Gedanken sollten im Hier und Jetzt bei Ihrem Kind sein.

Es ist nicht selbstverständlich, nach einem stressigen Tag dies umzusetzen, aber es ist wie jede andere Fähigkeit erlernbar: Das achtsame Zuhören. Richten Sie all Ihre Aufmerksamkeit auf das Gespräch und reagieren Sie, wenn Sie mit Ihren Gedanken abschweifen.

Denke immer daran: Wenn du etwas sagst, dann wiederholst du nur das, was du sowieso schon weißt. Aber wenn du zuhörst, dann kannst du noch neues erfahren. – Dalai Lama –

Achtsames Zuhören kann auch in einer großen Familie oder in einer Schulklasse wunderbar durchgeführt werden. Dazu setzen Sie sich an den Familientisch beim Abendessen beispielsweise oder in der Schule in einen Sitzkreis. Nun geben Sie jedem Mitglied der Runde eine bis zwei Minuten Zeit, vom Tag zu erzählen. Die anderen dürfen nur zuhören, nicht reden und abschließend nicht bewerten. Erklären Sie vielleicht vorher, was es bedeutet, nicht zu bewerten.

Eifersucht zwischen Geschwistern

Das Gefühl der Eifersucht begleitet uns ein Leben lang. Manche mehr, andere weniger. Eifersucht beginnt oft in der frühen Kindheit schon unter Geschwistern und zieht sich bis ins Erwachsenenalter.

Bei Erwachsenen steckt oftmals die Verlustangst dahinter, vom Partner verlassen zu werden – die Angst, ihm nicht zu genügen. Bei Kindern hingegen ist es ein Ausdruck der Angst, die Sicherheit, Zuneigung und Geborgenheit zu verlieren. Es befürchtet, dass sich die Mutter oder der Vater abwenden und fühlt sich vermeintlich nicht genug geliebt.

Diese Angst verschwindet bei Kindern schnell, sobald sie Gegenteiliges seitens der Eltern oder Bezugspersonen spüren. Zuneigung und das Vermitteln von Sicherheit, dass man das Kind nicht verlässt, sind hierbei essentiell. Ursprung von Eifersuchtsgedanken ist oftmals der mangelnde Selbstwert. Auch Kinder vergleichen sich gerne und wenn sie beobachten, dass das Geschwisterkind in manchen Aktivitäten besser ist, entstehen Rivalitäten. Insbesondere dann, wenn die Eltern das

Geschwisterkind in diesen Situationen verstärken, also beispielsweise loben.

Schnell fühlt sich das Kind benachteiligt, weniger wert oder ungerecht behandelt. Auch wenn Sie als Elternteil nicht das andere Kind für liebenswerter empfinden, erzeugt dieses Handeln in dem Kind das Gefühl, benachteiligt zu sein. Besonders schwierig kann es für Eltern werden, wenn das ältere Kind das Geschwisterchen nicht akzeptiert. Dem kann aber einfach entgegengesteuert, bzw. vorgebeugt, werden. Viele Kinder haben Angst, dass sie in Vergessenheit geraten, wenn ein neues Familienmitglied geboren wird. Es ist aus diesen Gründen wichtig, das Kind schon früh in der Schwangerschaft in den Prozess zu integrieren.

Lassen Sie es den Bauch befühlen, beim Herrichten des Zimmers helfen, und informieren Sie das Kind über den Prozess mithilfe von Kinderbüchern. Sobald das neue Kind geboren ist, sollten Sie dem älteren Kind bewusst machen, dass es noch nicht reden kann und deshalb schreien wird, wenn es Bedürfnisse äußern möchte. Erklären Sie dem Kind, dass das Baby noch nicht spielen kann und noch viel Zuwendung braucht. Indem Sie das ältere Kind bei all den Tätigkeiten zwischen dem Neugeborenen und Ihnen miteinbeziehen, wird das Ausschließen vermieden.

Das ältere Kind kann beispielsweise die Windeln holen, die Tube der Salbe öffnen oder das Köpfchen beim Stillen halten. Gerade in diesen Momenten ist es wichtig, das Kind zu loben und ihm zu zeigen, dass Sie ihm im Umgang mit dem anderen Kind viel Vertrauen schenken. Dennoch ist es empfehlenswert, dem älteren Kind Rückzug zu erlauben und auch mal zu zweit, ohne das Neugeborene, Momente zu teilen.

Denn nicht zu vergessen ist hierbei, dass das Neugeborene viele Veränderungen mit sich bringt. Die Eltern sind müder als sonst, die Aufmerksamkeit wird geteilt und die Liebe zu den Eltern ebenfalls. Auch hier ist die Geduld sowohl Fluch als auch Segen. Die ganze Familie wird sich an die neue Situation gewöhnen müssen. Dies kostet zwar Kraft, aber ist auch die einzige Möglichkeit, um seine Handlungen auf das Kind wirken zu lassen.

Manchmal ist man sich als Elternteil gar nicht so bewusst, wann sich das Kind benachteiligt fühlt und dies in Form von Eifersucht zeigt. Eifersucht kann man in verschiedene Reaktionsmuster unterteilen. Manche Kinder verhalten sich aggressiv gegenüber den anderen Geschwistern oder den Eltern. Es kann auch zum gegenteiligen Effekt führen, nämlich, dass das Kind anfängt, den Frust in sich hineinzufressen. Die eigenen Gefühle werden nicht verbalisiert, sondern führen eher zum Rückzug.

Das Kind tritt tendenziell traurig und antriebslos auf. Ferner kann es auch zu extremen Verhaltensänderungen kommen bis hin zur Apathie. Jegliche Interessen oder Lebendigkeit gehen in dem Kind verloren. Das übliche Stottern oder ähnliche Sprachfehler können auch zum Ausdruck von Eifersucht werden. Manchmal zeigen Kinder auch atypische Verhaltensmuster auf, wie das nicht entwicklungsgerechte nächtliche Einnässen. Als weiteres Merkmal der Eifersucht kann das klassische Suchen nach Aufmerksamkeit genannt werden. Ganz bestimmt kennen Sie dies in Form von Quengeln.

Nun fragen Sie sich bestimmt, was Sie dagegen tun können, dass es überhaupt dazu kommt, dass sich ein Kind benachteiligt fühlt, bzw. welche Handlungsalternativen Sie in diesem Fall haben. Zunächst einmal gilt, dass Sie sich immer wieder bewusst machen sollten, dass viele der Verhaltensmuster des Kindes über das Modelllernen erworben werden. Deshalb sollten Sie Ihr und das soziale Vorleben Ihres Partners überdenken. Leben Sie Ihrem Kind ein achtsames Miteinander vor? Schenken Sie sich Liebe? Wie ist die Atmosphäre zwischen Ihnen und Ihrem Partner? In erster Linie gilt also, dass Sie an sich arbeiten, bevor Sie von Ihrem Kind Dinge verlangen. Zudem ist es wichtig, dass Eltern die Kinder nicht untereinander vergleichen, sondern jedes einzelne Kind mit all seinen

Stärken und Schwächen akzeptieren.

Die Einzigartigkeit jedes Kindes sollte immer wieder betont werden. Diesbezüglich sollte vor allem auf die Stärken und Schwächen des Kindes individuell eingegangen werden. Die Stärken sollten immer wieder gelobt werden und die Schwächen gefördert werden. Ferner ist es wichtig, Zeit ganz allein mit einem Kind zu verbringen. So kann gar nicht der Konflikt entstehen, die Liebe mit den Eltern oder mit dem Geschwisterkind teilen zu müssen.

Falls es schon zu schwierigen Situationen zwischen den Geschwistern gekommen ist, z. B. in Form von häufigen Konflikten, so empfiehlt es sich, Aktivitäten zu finden, die beiden Spaß machen und vor allem den anderen benötigen. Die Aufgabe könnte sein, gemeinsam im Garten ein Loch zu graben. Aber auch Brettspiele können eine Möglichkeit sein, Regeln im achtsamen Umgang zu lernen und auch das Verlieren zu akzeptieren.

Ganz unbewusst wird also auch hier die Achtsamkeit zum Thema: „Du bist okay, so wie du bist." So erfahren die Kinder die gegenseitige Hilfe und können lernen, dass sie auch Kameraden sein können. Gemeinsame Erlebnisse und gemeinsamer Stolz stärken das Zusammengehörigkeitsgefühl. Gerade hier ist auch wieder die Rolle der Eltern essentiell. Loben Sie die Kinder für ihre Teamfähigkeit. Außerdem sollten sich Eltern bei einem Konflikt zwischen den Geschwistern zusammensetzen und die Situation unter die Lupe nehmen.

Woran liegt es, dass das Kind eifersüchtig ist? Was provoziert das andere Kind in ihm? Welche Worte oder Taten sind Auslöser dessen? Suchen Sie das Motiv für derartige Situationen. Kinder sollten jedoch nicht dazu gezwungen werden, sich beim anderen zu entschuldigen. Das Kind sollte stattdessen genug Zeit zum Nachdenken haben, um sein Verhalten zu reflektieren. Es wird von selbst, gerne auch mit ein paar wenigen

Hilfestellungen von Ihnen, Einsicht bekommen.

Dennoch sollten Sie immer im Hinterkopf behalten, dass die Entwicklungsphasen der Kinder ihr Miteinander beeinflussen. Befindet sich das eine Kind beispielweise schon in der Pubertät und das andere ist noch im Grundschulalter, ist es vollkommen normal, dass Streitsituationen aufkommen.

Die Interessen und Gesprächsthemen divergieren zwischenzeitlich. Meistens finden sie aber im späteren Verlauf wieder zueinander. Die Geschwisterbindung ist eine tiefe, komplexe Beziehung. Neben den Eltern gibt es niemanden, der einen so intensiv und lange kennt. Zuhause kann man nicht verbergen, wie man es ist. Kein anderer teilt so viele Erfahrungen, Liebe, Geschichten und auch Konflikte mit einem.

Es ist für das Kind genauso wichtig, Konfliktsituationen und ihren Umgang damit kennenzulernen. Das Gespräch unter Geschwistern, das Lösen des Problems und das Zuhören, was der andere denkt, ist die Basis für den Umgang mit Konflikten im Erwachsenenalter.

Mit Geschwistern lernt man am meisten, Gefühle zu erkennen. Wenn die Probleme unausgesprochen bleiben und nicht reflektiert werden, leidet nicht nur die Persönlichkeitsentwicklung, sondern auch die Geschwisterbeziehung. Auch im Erwachsenenalter können sie sich schlecht abgrenzen und schaffen zu ihren Gefühlen keine Distanz.

Achtsame Beziehungen

Neben den Geschwisterbeziehungen erfährt das Kind nach und nach auch freundschaftliche Beziehungen. Spätestens im Kindergarten erfährt das Kind, was Freunde sind, und was sie für ihn bedeuten.

Ein Freund ist ein Spielkamerad, ein starker Helfer und zugleich ein Vertrauter. Ohne Freunde wäre unser Leben lange nicht so bereichernd, wie es mit ihnen ist. Auch er oder sie schenkt uns eine Form der Liebe.

Ein wahrer Freund schenkt uns Zuneigung und teilt sogar das letzte Brot mit uns. Dem Freund zuliebe verzichtet man auf Dinge. Dies scheint selbstlos, ist es aber nicht, da wir uns dadurch wichtig fühlen können und stärker werden.

Manche Freundschaften begleiten uns ein Leben lang und gehen durch dick und dünn. Nicht selten sind Freunde treue Begleiter und ein stabiles Standbein in unserem Leben. Die gemeinsamen Erfahrungen, der erste Liebeskummer und die erste Party schweißen zusammen. Während wir im Leben oft den Freundeskreis oder den Partner wechseln, bleibt unser bester Freund oder unsere beste Freundin uns ein Leben lang erhalten. Freunde helfen uns, aus schweren Zeiten zu kommen, sie hören zu und man hat unendlich viel Spaß mit ihnen. Erfährt ein Kind Stabilität in dieser Form der Beziehung, so steigt sein Selbstwert und seine Lebenszufriedenheit. Sie sind aber auch elementar für unsere Gesundheit. Studien zeigen, dass soziale Isolierung ähnliche gesundheitliche Auswirkungen wie das Rauchen habe.

Herzkreislauf-Erkrankungen, Depressionen und chronische Schmerzen werden wahrscheinlicher. Es zählt dennoch nicht die Größe des sozialen Umfelds, sondern die Qualität. Freunde, die nicht füreinander da sind und mehr Konflikte mit sich bringen als Freude, können sich ebenfalls schädlich auf die Gesundheit auswirken. Toxische Beziehungen sind Stress für das Individuum. Deshalb sollte festgehalten werden, dass auch der achtsame Umgang miteinander zählt und auch nur dann die Lebenserwartung gesteigert werden kann.

Mit Freunden ist man ehrlich und wir müssen uns nicht für sie verstellen, denn sie nehmen uns so, wie wir eben sind. Aufgrund dessen, dass sie uns sehr nahestehen können und jedes Geheimnis von uns kennen, können genauso gut Konflikte mit ihnen entstehen. Erfüllung von Erwartungen und Bedürfnissen sind auch in diesen Beziehungen nicht ganz irrelevant.

Um Freundschaften allerdings achtsam zu pflegen, bedarf es sich auch das Aussprechen der eigenen Grenzen. Zudem sollten wir der anderen Person mit jedem Treffen wertschätzend begegnen.

Ein bisschen Freundschaft ist mehr wert als die Bewunderung der ganzen Welt. - Otto von Bismarck –

Den Wert von Freundschaften kann man Kindern schon früh nahebringen. Bei der nächsten Verabredung kann sich das Kind beispielsweise vornehmen, einfach mal „Danke" zu seiner Freundin oder seinem Freund zu sagen. Es sind nur fünf Buchstaben, aber doch fällt es uns so schwer, es über die Lippen zu bringen. Wir nehmen die Präsenz anderer als selbstverständlich hin. Auch Kindern sollte früh bewusst werden, dass ein „Danke" schon viele Wunder bewirken kann. Erinnern Sie sich an die letzte Situation, in der Sie Ihrer Freundin oder Ihrem Freund Dankbarkeit gezeigt haben? Allein die kleinen Gesten rufen das Gefühl der Wertschätzung im Anderen hervor. Ihr Kind könnte also vielleicht beim nächsten Mal das Lieblingsspielzeug des Spielkameraden mitbringen und anbieten, es für eine Weile auszuleihen. So lernt auch das Kind, dass es seine Mitmenschen freut, wenn er an sie denkt und ihre Bedürfnisse erkennt. Diese Tagesaufgabe lässt nicht nur das Kind in sich selbst hineinhorchen, sondern auch das andere Kind, indem es kurz innehält und den Moment nutzt, die Geste zu spüren.

Eine weitere Möglichkeit, den achtsamen Umgang mit seinen Mitmenschen zu lehren, stellt das gemeinsame Erleben dar. Gewöhnliche Treffen verbinden selbstverständlich. Für eine gute Freundschaft benötigt man keine besonderen Erlebnisse, sondern lediglich den Moment und das Miteinander. Nichtsdestotrotz können neue, aufregende Aktivitäten die Freundschaft weiter verfestigen.

Das Anmelden eines Wettbewerbs, eine lange Radtour, Experimente oder ein gemeinsamer Urlaub stellen die Freundschaften von Kindern vor eine Herausforderung. Die Fähigkeiten werden gemeinsam ausprobiert und die Kinder ermutigen sich gegenseitig. Noch später werden sie sich daran erinnern können und die Verbundenheit der zwei Kinder wird steigen.

Der achtsame Umgang mit Freunden kann auch ohne die Anwesenheit des anderen Kindes geschult werden. Manchmal genügt auch allein der Gedanke an den Spielkameraden. Nimmt sich das Kind zurück und denkt in dem Moment an seine beste Freundin oder seinen besten Freund, kann dies die Stimmung des Kindes heben. Das Gefühl der tiefen Freundschaft und die Erinnerung an gemeinsame Erlebnisse kann mit in den Tag genommen werden. Auch Eltern können hier eine immense Rolle übernehmen. In Ihnen sollten die Kinder Unterstützung und Anteilnahme der Freundschaften finden. Der Austausch über die Freundschaft sollte zwischen Eltern und Kind stattfinden. Eltern sollten Interesse haben und Fragen stellen, wie sich das Kind mit dem Spielkameraden fühlt. Sollten Sie feststellen, dass das Kind gerne viel Zeit mit einem Freund oder einer Freundin verbringt, können Sie beispielsweise vorschlagen, dass es demnächst bei Ihnen übernachten kann.

Es ist keine Ausnahme, dass sich Kinder streiten. Hier sollten Sie auf keinen Fall Partei ergreifen und sich so gut wie es geht raushalten. Gelingt es den Kindern nicht, die eigenen Bedürfnisse und Interessen zu kommunizieren, um das Problem zu lösen, könnten Sie hier vorsichtig intervenieren.

Hören Sie sich die Position beider Kinder an und unterbrechen Sie sie nicht. Fragen Sie beide Kinder nach einer Lösung und versuchen Sie die Kinder zu animieren, einen Kompromiss zu finden. Behalten Sie dennoch immer wieder im Hinterkopf: Greifen Sie so wenig ein, wie möglich. Kinder müssen lernen, Konflikte selbst zu lösen.

Mit Sicherheit haben Sie schon einmal das Gefühl gehabt, dass zwei Kinder sich nicht guttun. Auch hier sollten Sie sich zurücknehmen. Kinder sollten selbst lernen, sich von der anderen Person abzuwenden. Stattdessen kann man hinterfragen, was das Kind in der Freundschaft wohl schätze. Was nimmt das Kind aus dieser Freundschaft mit? Sobald wir aber wahrnehmen, dass das Kind stark in dieser Freundschaft leidet, dann bedarf es sich der Intervention.

Dennoch kann es sein, dass unsere Definition von Freundschaft nicht der des Kindes entspricht. Während wir womöglich am liebsten jedes Wochenende mit Freunden ausgehen würden, genießt das Kind vielleicht in Zeiten der Ruhe seine eigene Präsenz. Endlich mal allein spielen können, ohne dass es gestört wird. Die Vorstellungen des Kindes sollten akzeptiert und respektiert werden. Das Kind von seiner Freundschaftsführung zu überzeugen, sollte nicht Gegenstand eines achtsamen Umgangs sein. Drängen Sie das Kind nicht in eine Rolle, in der es nicht sein möchte. Das Kind wird sich das suchen, was es braucht, und ganz instinktiv auf seine Bedürfnisse achten. Haben Sie Vertrauen. Es ist eine wunderbare Unvoreingenommenheit, die Kinder oftmals noch in sich haben und die gestärkt werden sollte.

Achtsamer Umgang mit der Umwelt

Die Welt zu achten und zu pflegen kann Kindern schon früh kommuniziert werden. Erwachsene sind oftmals in ihren alten Gewohnheiten gefangen und brauchen lange, um ihren Lebensstil an die Umwelt anzupassen. Es nahm viel Zeit in Anspruch, bis die heutige Gesellschaft ein Verständnis dafür bekam, dass wir Schuldige des Klimawandels sind.

Das Potential von Kindern, Dinge schnell anzunehmen und umzusetzen, sollte also gerade auch hier genutzt werden. Kinder sind in einer sensiblen Phase der sozialen und emotionalen Entwicklung und gerade deshalb sehr aufnahmefähig. Den Kindern kann früh nahegelegt werden, dass die Natur eine wertvolle Ressource ist und achtsam mit ihr umgegangen werden sollte. Ständiger Zugang zu Wasser und Nahrung sind für uns selbstverständlich geworden.

Dabei geht leider auch die Nachhaltigkeit verloren. Wasser wird von unserer westlichen Zivilisation verschwendet und mit Mikroplastik verschmutzt. Während unser Wasser immer sauberer wird, leiden viele Menschen auf unserem Planeten unter starker Ressourcenknappheit. Gerade deshalb ist es wichtig, Kindern nicht das Bild zu vermitteln, dass Wasser oder Nahrung einfach da sind, sondern kostbare Schätze dahinterstecken.

Wir bekommen nicht einfach die Butter im Supermarkt, dahinter stecken multiple Prozesse. Es wird eine Kuh, ihre Milch und Menschen benötigt, die die Milch zu Butter verarbeiten und diese anschließend in den Supermarkt bringen. Bereits im Kindergartenalter kann man Kindern den richtigen Blick auf die Ressourcen vermitteln.

Indem man sie als kleine Forscher miteinbezieht, lernen sie die Natur und ihre Mechanismen besser kennen. Dazu genügt beispielsweise ein Eimer Wasser und verschiedene Objekte, die unterschiedlich schwer sind. Lassen Sie das Kind entdecken, welche Gegenstände schwimmen und welche sofort untergehen.

Experimentieren Sie weiter, beispielsweise, mit dem Gefrierpunkt von Wasser oder was passiert, wenn man Wasser erhitzt. Kinder sollten hierbei genug Raum für Fragen haben. Aber auch Sie können dem Kind Denkanstöße geben, indem Sie es z. B. fragen, was das Kind denkt, woher das Wasser kommt. Es können viele spannende und kreative Ideen entstehen. Ganz unbewusst und spielerisch werden vom Kind Zusammenhänge zwischen Mensch und Natur wahrgenommen. Kind und Achtsamkeitslehrende sollten sich gemeinsam die Zeit nehmen, um zu experimentieren und die Prozesse der Natur zu reflektieren.

Ferner kann das Thema Energieversorgung in den Alltag von Kindern einbezogen werden. Woher kommt die Energie im Haus? Wieso erlischt das Licht, wenn wir den Schalter drücken? Warum wird die Herdplatte heiß, wenn wir sie voll aufdrehen? Das Kind als Detektiv in all diese Fragen miteinzubeziehen, erweckt bei ihm viel Interesse. Gehen Sie mit dem Kind gemeinsam alle Bereiche im Leben durch, für die man Energie benötigt. Erklären Sie dem Kind den Unterschied verschiedener Energieformen: Gas, Öl, Strom. Auch der Aspekt der Verschwendung von Energieressourcen sollte wieder integriert werden.

Kinder schauen sich viel bei uns ab, also achten auch Sie darauf, wie achtsam Sie mit der Energie umgehen. Indem man Kindern verschiedene Handlungsalternativen vorstellt und ihnen erklärt, welche nachhaltig sind und welche nicht, werden sie vertrauter mit der Thematik. Anhand von einfachen Beispielen lernt das Kind schnell, was Sie damit meinen.

Drehen Sie die Heizung gemeinsam mit dem Kind voll auf. Schnell werden Sie beide merken, dass der Raum sehr warm wird. Es gäbe nun zwei Möglichkeiten, um die Wärme zu neutralisieren. Zum einen könnte man das Fenster öffnen, zum anderen könnte man die Heizung wieder auf die mittlere Stufe setzen. Beziehen Sie gezielt das Kind mit ein, welche Handlung ihm nun nachhaltiger erscheint. Dieses Spiel des Energiedetektivs kann die Wahrnehmung für den Energieverbrauch der Kinder schulen.

Gerade im Schulalter kann die Fortbewegung zu einem wichtigen Aspekt des Kinderalltags werden. Manche Kinder müssen lange zur Schule fahren, werden mit dem Auto gebracht oder fahren mit dem Bus. Andere Kinder haben eigentlich eine kurze Strecke zur Schule, werden aber trotzdem mit dem Auto gebracht. Das ruft viele Fragen in den Köpfen der Kinder hervor. Warum fahren denn nicht alle mit dem Bus? Man könnte Kinder darauf hinweisen, dass es nicht immer notwendig ist, das Auto zu nehmen. Oftmals kann man bestimmte Orte gut und schnell mit den öffentlichen Verkehrsmitteln erreichen. Probieren Sie es doch einmal mit dem Kind gemeinsam aus.

Eine weitere Möglichkeit, das Kind zu animieren, den Bus oder das Fahrrad zu nehmen, könnte die Gruppenbildung mit anderen Kindern darstellen. Werden die Kinder motiviert, sich jeden Morgen, unabhängig von der Wetterlage, an der Ecke mit mehreren Klassenkameraden zu treffen, stärkt das nicht nur das Gemeinschaftsgefühl, sondern auch den achtsamen Umgang mit der Umwelt. Der gemeinsame Schulweg wird somit zum Ritual, und das Transportmittel nicht mehr in Frage gestellt.

Durch Hinterfragen der eigenen Handlungen lernt das Kind einzuschätzen, welche Auswirkungen menschliche Taten auf die Natur haben. Nachhaltigkeit sollte also für die Kinder nahbar sein und stetig in den Alltag integriert werden. Erleben Kinder also diese Zusammenhänge, so bauen sie Wertschätzung gegenüber der Umwelt auf. Aber auch Ausflüge in den Wald, Pflanzaktionen oder Flächen begrünen sind Erfahrungen, die das Kind sein eigenes Handeln reflektieren lässt.

Das Kind wird so spielerisch zum Gärtner, Forscher oder Bauer. Es lernt so, die Natur bewusst zu leben, lieben und zu schützen. Kompetenzen bezüglich Nachhaltigkeit bauen sich so spielerisch und ohne Zwang im Kind auf. Die Sensibilisierung für den achtsamen Umgang mit der Umwelt und die Bedeutung des Lebensraums sollten hier im Fokus stehen.

Übungen mit Kind und Eltern gemeinsam

Setzen Sie sich mit dem Kind zusammen und nehmen ein Blatt Papier hinzu. Zerschneiden Sie mit dem Kind gemeinsam das Papier in gleichgroße Stücke, sodass Worte oder Sätze auf die Schnipsel passen.

Anschließend sammeln Sie die Wünsche des Kindes. Entweder schreibt das Kind selbst diese auf die Zettel oder Sie schreiben sie für das Kind auf. Die Zettel werden dann gelöchert, sodass eine dünne Schnur durchpasst. Wenn dem Kind keine Wünsche einfallen sollten, bitten Sie das Kind, die Augen zu schließen und sich so viel Zeit zu nehmen, wie es braucht. Es sollte auf keinen Fall bei dieser Übung Druck verspüren. Der Wunsch kann materiell sein oder lediglich eine Emotion.

Sobald alle Wünsche ausgesprochen wurden, suchen Sie mit dem Kind gemeinsam einen Busch mit Ästen im Garten oder in einem Park. An diesen Busch werden alle Zettel aufgehängt. Dieser Busch wird dafür sorgen, dass die Wünsche in Erfüllung gehen. Vermitteln Sie dem Kind, dass er manchmal ganze Jahre dafür braucht, manchmal nur ein paar Stunden. Die einzige Zutat, die man dafür benötigt, ist das Vertrauen in ihn.

Diese Übung dient dazu, dem Kind die Fähigkeit des Loslassens und der Geduld nahezubringen. Es kann erfahren, dass man manchmal nur warten muss und nicht alles kontrollieren kann. Vertrauen in den Moment und in alle folgenden zu haben.

Die Zukunft, die wir uns wünschen, werden wir nur bekommen, wenn wir eine Vision von ihr haben. – Per Dalin –

Es passiert nicht selten, dass ein Familienmitglied sauer auf ein anderes ist. Wurden die Erwartungen und Wünsche nicht erfüllt, kann das vor allem bei Kindern eine große Wut auslösen. Erinnern Sie sich an die letzte Situation, in der Sie einem Kind etwas verweigerten und dieses die nächsten Minuten kaum zu beruhigen war.

Eine weitere Übung, die vor allem nach Konfliktsituationen ratsam ist, ist folgende: Setzen Sie sich zusammen mit dem Kind an einen Tisch und schließen Sie die Augen. Aufgabe ist es, in wenigen Minuten dem Gegenüber mitzuteilen, welche gute Eigenschaft er in dem anderen sieht. Das kann nicht immer leicht sein, gerade nicht, wenn zuvor ein Konflikt im Raum stand.

Es ist mit Sicherheit eine große Herausforderung für Groß und Klein. Der Fokus wird mit dieser Achtsamkeitsübung weniger auf das Problem gesetzt, sondern vielmehr auf die guten Eigenschaften, die neben dem Problem existieren. Die Annahme, dass man zu den Menschen, trotz vermeintlichen Schwierigkeiten, verbunden ist.

Eine weitere Übung, die Sie hervorragend zuhause praktizieren können und immer Teil Ihres Alltags werden sollte, ist die des achtsamen Dialogs. Zunächst einmal sollte den Kindern deutlich gemacht werden, dass man alles, was man in diesem Raum teilt, auch dableiben sollte, und nicht nach außen getragen werden darf. Aufgabe ist es, sich eine Frage zu stellen. Warten Sie, ob das Kind beginnt, Ihnen eine Frage zu stellen. Sofern dies nicht der Fall sein sollte, beginnen Sie damit, das Kind etwas zu fragen, beispielsweise, wie es ihm heute geht. Das Kind darf nun eine Minute sprechen, all seine Gefühle und Gedanken offenbaren. Sie selbst halten sich zurück, unterbrechen das Kind nicht, sondern beobachten lediglich, was das Kind sagt oder eben nicht. Sollte es zu Stille kommen, lassen Sie diese zu. Auch die Stille ist Teil des achtsamen Dialogs. Nach einer Minute werden die Rollen gewechselt. Anschließend tauschen Sie sich mit dem Kind aus. Welche Gefühle kamen während der Übung auf? Was fiel leicht? Welche Schwierigkeiten traten auf? Diese Übung kann auch zwischen zwei Kindern praktiziert werden.

Kapitel 3: Das Training

ZIELE DES TRAININGS

In diesem Kapitel soll noch einmal nahegebracht werden, was die wesentlichen Ziele des Achtsamkeitstrainings mit Kindern sind. Wichtig dabei ist, dass alle folgenden Aspekte nicht immer sofort umsetzbar sind und natürlich auch an das Alter des Kindes angepasst werden sollten.

Besonders der Spaß und die Freude sollten dabei nicht in Vergessenheit geraten. Zur Verdeutlichung eignet sich gut die metaphorische Bedeutung der Treppe. Holen Sie das Kind auf der jeweiligen Stufe ab und steigen Sie von dort an gemeinsam auf.

Zentraler Punkt des ganzen Trainings ist hierbei der Beziehungsaufbau. Das Kind soll sich selbst und seine Mitmenschen verstehen. Vertrauen und Bindung sind essentielle Aspekte der achtsamen Persönlichkeitsentwicklung. In diesem Prozess soll zudem das Mitgefühl gestärkt werden und die Gelassenheit in Situationen geschult werden. Ziel ist, negativen Emotionen, wie Wut und Ärger, aber auch Mitmenschen, mit einer gelassenen, ruhigen Art zu begegnen.

Den Fokus auf den Atem, den eigenen Körper und den Geist zu setzen, soll das Kind darin bestärken, dass es seine Aufmerksamkeit kontrollieren kann. Die einzige Voraussetzung dafür besteht in der Wertschätzung seines eigenen Wesens. Indem das Kind erkennt, dass es seinen Organismus beeinflussen kann, steigt sein Selbstvertrauen und zugleich die Fähigkeit der Selbstregulation. Von ganz allein verändert sich dann die Lern- und Konzentrationsfähigkeit zum Guten, ohne dass das Kind den Prozess bewusst wahrnimmt. Aber auch hier gilt: Das Wichtigste im Training ist die Regelmäßigkeit. Wer sich tagtäglich gemeinsam mit dem Kind diesem Prozess hingibt, der wird bemerken, dass die Resilienz des Kindes immer größer wird, aber auch der Stress innerhalb der Familiendynamik abnimmt. Durch achtsamen Umgang mit den eigenen Emotionen, erkennt das Kind in sich und seinen Bezugspersonen eine Verbundenheit und deren Auswirkungen auf das eigene Wesen.

AUFBAU DES TRAININGS

Zunächst einmal sollten Sie, bevor Sie mit dem Training des Kindes oder der Kinder beginnen, Erwartungen an die Achtsamkeitseinheit klären. Dafür bedarf es auch von Ihrer Seite aus genügend Hintergrundwissen, um den Kindern das Konzept der Achtsamkeit nahezubringen. Anschließend sollte genügend Zeit für Fragen sein. Was möchte das Kind erreichen? Beispielsweise weniger Streit mit den Geschwistern? Welche Bedürfnisse hat das Kind? So existiert genug Raum, um Interesse im Kind zu wecken.

Eine einfache Übung, um schließlich in die praktische Achtsamkeit überzugehen, ist die Rosinenübung: Das Kind nimmt eine Rosine in die Hand, als würde es die Frucht nicht kennen. Ziel ist es, die Rosine auf der Hand zu spüren und den Zustand zu beschreiben. Nun nimmt es die Rosine zwischen zwei Finger und übt etwas Druck aus. Wie verändert sich die Konsistenz? Welche Farbe hat diese Rosine?

Am Ende wird die Frucht gegessen. Dabei konzentriert sich das Kind nur auf die Kaubewegungen. Nach dieser Übung werden alle Beobachtungen gesammelt ohne jegliche Bewertungen. Diese Sinneserfahrung bleibt ganz allein die des Kindes. Nach mehreren Sitzungen wird das Kind immer mehr Aufmerksamkeit auf den Körper richten. Sobald es ihm gelingt, den Fokus auf sich selbst zu setzen, kann man beginnen, diese Selbststeuerung auf den Alltag zu übertragen. Erfragen Sie, in welchen Situationen sich das Kind überfordert fühlt, oder wann es eine

Überreizung verspürt. So kann man mit dem Kind gemeinsam Strategien entwickeln, die es anwenden kann, wenn ihm mal wieder in bestimmen Situationen unwohl ist. Es sollte der achtsame Umgang mit Stressauslösern und schwierigen Gefühlen thematisiert werden. Sobald Sie bemerken, dass das Kind die Übungen gut meistert und diese keine große Herausforderung mehr darstellen, so können Sie diese in der Dauer erhöhen. Wichtig kann nach all den Übungen sein, dass sich die Kinder gut austauschen können. Wie haben sie sich während der Übung gefühlt? Was ist ihnen schwergefallen? Im Fokus jeder Achtsamkeitsstunde sollte also auch die Kommunikation stehen. Ziel der achtsamen Kommunikation ist die Entwicklung von Freundlichkeit und Mitgefühl.

In asiatischen Sprachen wird Bewusstsein und Herz mit dem gleichen Wort benannt. Wenn wir also von Achtsamkeit auf einer ganz grundlegenden Ebene nicht auch als Herzensangelegenheit verstehen, haben wir nicht wirklich begriffen, um was es dabei geht. Mitgefühl und Freundlichkeit gegenüber sich selbst und anderen, sind aufs engste damit verbunden.

– Jon Kabat-Zinn –

Achtsamkeit sollte also weniger als eine Technik vermittelt werden, sondern mehr als eine Haltung im Leben.

KLASSISCHE ÜBUNGEN

- **Gefühle akzeptieren:** Bitten Sie das Kind, das Gefühl zuzulassen. Dazu schließt es die Augen und schenkt seinen Gefühlen volle Aufmerksamkeit. Erklären Sie ihm, dass Gefühle wie Wellen sind, die zuerst ganz groß sind und immer kleiner werden, je näher sie zum Ufer kommen. Regen Sie das Kind dazu an, mit den Wellen zu schwimmen. Erfragen Sie, ob die Welle der Gefühle kleiner wird. Sobald die Welle weg ist, darf es wieder die Augen öffnen. Es ist eine schöne Übung, die dem Kind demonstriert, dass Gefühle kommen und gehen.

• **Pausieren:** Bitten Sie das Kind, sich auf den Rücken zu legen und zur Ruhe zu kommen. Erfragen Sie, wie es ihm geht. Machen Sie ihm deutlich, dass es den Zustand nicht bewerten muss. Es braucht ihn nicht als gut oder schlecht klassifizieren, sondern einfach nur hinnehmen. Dann schenkt das Kind seinem Atem die Aufmerksamkeit. Ist er entspannt oder unruhig? Wie bewegt er sich? Nun geht das Kind in sich und benennt die Stellen am Körper, an denen das Kind etwas fühlt. Stellen, die wehtun oder wo Spannung liegt. Wo sind Stellen, die völlig entspannt sind? Wo kitzelt es? Wenn es alle benannt hat, lockert es seinen Körper, indem es sich streckt oder gähnt. Jetzt kann sich das Kind wieder allem widmen, worauf es gerade Lust hat.

• **Der sichere Ort:** Erfragen Sie, an welchem Ort es sich zuhause am wohlsten fühlt. Ein Ort, wo es ganz ungestört ist und sich sicher fühlt. Dort legt es sich ganz gemütlich hin und fühlt in sich hinein. Bitten Sie das Kind, in seine Hand, dann in seinen Kopf, in seine Füße und abschließend in den Bauch zu fühlen. Betonen Sie, dass das Kind nichts machen muss, sondern nur liegen. Nun soll es in seiner Fantasie einen Ort suchen, wo es sich sicher fühlt. Es kann ein Strand sein, der geliebte Bauernhof oder bei Oma und Opa zuhause. Der Ort strahlt voller Wärme und ist sicher. Fragen Sie das Kind, was es dort sieht oder riecht. Es können Blumen, Tiere oder andere Menschen sein. Erklären Sie dem Kind, dass es immer zu diesem Ort kann, wann immer es mag. Er ist immer zu erreichen und das Kind kann so lange dort verweilen, wie es möchte.

• **Eichhörnchen-Übung:** Das Kind setzt sich vor ein Fenster in einen bequemen Sitz. Es soll sich nun vorstellen, dass es ein Eichhörnchen sei und auf der Baumkrone sitze. Eichhörnchen bewegen sich nur, wenn sie etwas brauchen. Wenn es ihnen gut geht, bleiben sie auf dem Baum und beobachten die Welt von oben. Sie beobachten, wie es regnet oder wie die Blätter im Wind wehen. Es sitzt ganz still und regt sich nicht, aber trotzdem ist es wach. Das, was oben auf der Baumkrone um das Eichhörnchen passiert, ist irrelevant. Es konzentriert sich vielmehr auf das, was es sieht. Das Kind ist ebenfalls in der Rolle des Eichhörnchens, denn es blendet alles, was im Zimmer steht oder passiert, aus und richtet die volle Aufmerksamkeit auf das, was es durch das Fenster sehen kann. Lassen Sie das Kind ganz allein diese Übung praktizieren. Vielleicht setzen Sie sich daneben und sind ebenfalls ganz still. Bewegen Sie sich nicht und machen es so ganz unbewusst dem Kind vor. Es ist eine schöne Übung, um das Kind wieder zu erden, wenn es sich beispielsweise zuvor aufgeregt hat. Das Kind kommt wieder zur Ruhe und lenkt sich ab.

- **Starker Helfer:** Diese Übung dient der Wertschätzung und Anerkennung seiner Mitmenschen im Alltag. Heute ist das Tagesziel des Kindes, einer fremden Person geholfen zu haben. Sei es das Aufhalten der Türe, das Abnehmen der Einkaufstasche oder das Verschenken einer Münze. Es soll besonders am heutigen Tag darauf geachtet werden, anderen zu helfen.

- **Stille Post:** Alle Kinder sitzen zusammen im Kreis und eins der Kinder wird ausgewählt, der Postbote zu sein. Der Postbote überbringt leise eine Nachricht, ohne dass jemand anders davon mitbekommt. Das Kind, was neben ihm sitzt, wird nun zum Postboten und überbringt seine Nachricht. Ziel ist es, dass die Nachricht das letzte Kind vollständig erreicht. Anschließend können sich die Kinder austauschen, ob die Nachricht des letzten Kindes auch der des Postboten entsprach. Es verlangt Konzentration und Aufmerksamkeit von den Kindern. So gelingt es spielerisch, dass sie zur Ruhe kommen und achtsam werden.

- **Stille Rassel:** Die Kinder sitzen im Kreis und eine Rassel wird durch die Kinder gereicht. Jedes Kind darf genau einmal rasseln. Anschließend soll die Rassel der Reihe nach weitergegeben werden, jedoch ohne, dass sie ein Geräusch erzeugt. Vielen Kindern wird diese Übung am Anfang schwerfallen. Doch mit den Wiederholungen wird es immer besser und immer mehr Spannung wird erzeugt.

- **Lachmarathon:** Das Kind stellt sich vor den Spiegel und beginnt sich anzulächeln. Es gilt hierbei, sich selbst dabei in die Augen zu schauen. Das Lächeln soll nun zu einem Lachen werden. Fragen Sie das Kind, was es sehen kann? Lachen die Augen? Sieht es Veränderungen in seiner Körperhaltung?

- **Gedankenfee:** Das Kind nimmt sich ein Döschen, in das es nun ab sofort alle störenden Gedanken legt. Sei es abends vor dem Schlafengehen oder es ist am Tag etwas passiert, was ihm nicht gefiel. Bevor es den Gedanken in der Dose verschließt, darf es noch ein letztes Mal diesen Gedanken zulassen. Anschließend wird der Deckel mit den Sorgen zugemacht. Die Dose wird entweder unter das Kopfkissen gelegt oder vor die Treppe, damit die Gedankenfee sie abholen kann.

Kapitel 4: Achtsamkeit im Leben

YOGA

Es wird nichts Neues für Sie sein, dass unser Gehirn einen Einfluss auf unseren Körper hat. Das Gehirn koordiniert unsere Bewegung und ist verantwortlich für unseren Gleichgewichtssinn. Es ermöglicht uns, Signale des Körpers wahrzunehmen und entsprechend zu reagieren. Wer krank ist, denkt auch krank. Erinnern Sie sich an Ihre letzte schwere Erkältung. Jeder Gang war viel mit Energieaufwand verbunden und kostete Sie viel Überwindung. Ihre Gedanken waren unklar und Ihr Kopf erschöpft. Lange wurde zu Unrecht in der Medizin, Geist und Physis voneinander getrennt. Heute wissen wir, dass eine immense Abhängigkeit zwischen Körper und Gemütszustand besteht.

Forschungsgruppen an der Universität Witten/Herdecke zeigten, dass die Köperhaltung den emotionalen Zustand vorhersagen kann. Wer aufrecht und selbstbewusst durchs Leben geht, denkt positiver. Wer hingegen wenig lächelt, die Schultern hängen lässt, neigt zu negativen Gedanken.

Neben der Arbeit an Denkmustern, spielt also der Bewegungsapparat eine große Rolle für die psychische Gesundheit. Mittels Bewegung gilt es, Körper und Geist in Einklang zu bringen. Ein interessanter Nebeneffekt ist, vor allem wichtig für Kinder im Schulalter, die Leistungssteigerung durch das Körperbewusstsein. Yoga ist eine gute Gelegenheit, sich nicht zur bewegen, sondern dabei durch Atemtechniken, den Körper zu entspannen. Hier spielt Leistung keine Rolle, die Aufmerksamkeit richtet sich nur auf sich selbst, ohne sich dabei mit anderen zu vergleichen.

Kinderyoga-Übungen

Versuchen Sie mit Ihrem Kind, folgende Übungen zwei- bis dreimal die Woche zu praktizieren. Am besten immer zur gleichen Zeit und am selben Ort. Die Übungen dienen der Entspannung, Stressreduktion, Förderung der Mobilität und Haltung. Lesen Sie Ihrem Kind vor, welche Haltungen einzunehmen sind und demonstrieren Sie ihm gerne, wie die Übungen auszusehen haben:

- **Der Bergbesteiger:** Stelle dir vor, du stehst auf der Spitze eines Berges. Du bist ganz stolz, oben angekommen zu sein. Mit einer selbstbewussten Haltung stehst du da. Stelle dazu deine Füße hüftbreit auf, strecke deine Wirbelsäule, aber lasse deine Schultern dabei nach unten hängen. Öffne deine Brust und zieh deinen Bauch ein. Lächle. Bleibe so für 30 Sekunden. Atme tief ein und aus.
- **Der Baum:** Stell dich wieder hüftbreit auf und stehe stabil. Fokussiere im Raum einen Punkt und bleibe bei ihm. Lege dann deinen linken Fuß auf die Innenseite deines rechten Beins. Schiebe dein Knie soweit du kannst nach außen. Bringe dann deine Hände vor deiner Brust zusammen. Wachse in deiner Wirbelsäule und stell dir vor, du wärst ein Baum, der ganz hoch ist und immer mehr wachsen möchte. Atme ruhig ein und aus. Bleibe hier für 30 Sekunden und wiederhole anschließend die Übung mit dem anderen Fuß.
- **Der Retter**: Du bist ein Retter, mutig und stark. Stelle dazu dein rechtes Bein nach vorne auf und beuge dein Knie, sodass ein 90 Grad Winkel entsteht. Dein linkes Bein streckst du weit nach hinten und stellst es ab. Deine Arme hebst du in die Luft nach oben Richtung Himmel. Deine Handflächen berühren sich. Senke deine Schultern und verweile in dieser Position für 30 Sekunden. Atme tief ein und aus. Anschließend wechselst du das Bein und wiederholst die Übung.

MEDITATION

In diesem Abschnitt stelle ich Ihnen ein wunderbares Werkzeug für Sie und die Kinder in Ihrer Umgebung vor. Es ist ein Weg, jeglichen Stress abzubauen, oder präventiv zu verhindern. Mit viel Übung kann er in akuten Stresssituationen praktiziert werden und erdet uns, egal, wie alt wir sind.

Um diese Transformation von negativer in positive Energie zu erfahren, bedarf es jedoch ein wenig Hintergrundinformation, die ich Ihnen zunächst vorstellen werde, bevor wir zu praktischen Übungen kommen. Was ist überhaupt Meditation? Was müssen wir wissen, damit wir auch Erfolge verspüren können?

Die Meditation hat ihren Ursprung im Buddhismus und lehrt das Bewusstsein in der Gegenwart. Ziel ist es, wieder bei sich selbst anzukommen, jegliche Gedanken auszublenden und wieder im „Jetzt" anzukommen. Diese Technik kann jedoch nicht einfach so gelehrt werden, sondern ist mit viel Übung und Selbsterfahrung verbunden.

Im Vordergrund der Meditation steht, das Bewusstsein des Individuums zu öffnen und das damit verbundene Ankommen im Hier und Jetzt. Was bedeutet im Hier und Jetzt? Es klingt äußerst philosophisch und wenig praktikabel, aber das ist es nicht. Der Ausdruck „Hier und Jetzt" repräsentiert eher das Ausblenden der Gedanken an die Zukunft oder an die Gegenwart und somit, viel mehr den Moment wahrzunehmen und zu genießen.

Oftmals verbringen wir Stunden damit, uns Gedanken über ungeschehene Dinge zu machen und es gelingt uns nicht, diese Gedankenspirale zu durchbrechen. Auch Kinder kennen das. Sie liegen nachts im Bett, können nicht einschlafen und kommen zu Ihren Eltern. Wahrscheinlich kennen Sie dieses Gefühl mehr als gut und vielleicht haben sie es auch schon bei Kindern gesehen, dass sie sich Sorgen gemacht haben.

Dieser Raum, dem wir Gedanken über Sorgen und Probleme geben, sollte aber viel mehr für die Gedanken des gegenwärtigen Moments genutzt werden. Die Aufmerksamkeit sollte, egal, ob nachts im Bett oder tagsüber in der Schule, auf den Augenblick gelenkt werden.

Ist das geschafft, kann das Individuum in Balance sein und in vollen Zügen produktiv sein. Kinder, die durch diverse Ängste abgelenkt sind, können auch nicht im Schulunterricht mitwirken. Ihre Gedanken kreisen vielmehr um Vergangenes, vielleicht was zuhause passiert ist, als dass sie der Lehrerin folgen können und Spaß beim Lernen haben.

Genau hier setzt die Technik der Meditation an, denn sie macht es möglich, sich sozusagen in die Gegenwart zurück zu manövrieren. Es bedarf keinen Ortswechsel, kein Equipment, sondern nur den Moment und sich selbst.

Meditation ist zwar eine Methode, aber kann auch zu einer Lebensphilosophie werden, wenn man hinter ihr steht. Schließlich erdet sie uns und die Kinder, aber hinzukommend lehrt sie uns, in die Nicht-Bewertung überzugehen. In der buddhistischen Lebensphilosophie gibt es nämlich kein richtig oder falsch. Es gibt nur das Jetzt, das vollkommen neutral betrachtet wird.

Wenn ein Urteil im Geist entsteht, sollte man es als solches erkennen und sich gleichzeitig daran erinnern, dass man dabei ist, das, was geschieht, lediglich zu beobachten, ohne es zu bewerten, ohne es festzuhalten, zu verfolgen oder in irgendeiner Form darauf zu reagieren. – Jon Kabat-Zinn -

---

Kinder erfahren schon früh von uns gesellschaftliche Normen und Vorstellungen, was richtig ist. Das hindert sie jedoch, sich selbst ein Bild vom Ganzen zu schaffen. Mittels Meditationstechniken ist es dem Kind aber wieder möglich, völlig neutral auf die Objekte oder Personen im Umfeld zu schauen. Es kann wieder lediglich die Existenz dessen genießen und dabei jegliche Bewertungen vergessen. Für uns scheint es nicht gravierend, dass wir uns ein Bild von gesellschaftlichen Konventionen gemacht haben und von manchem überzeugt sind. Dieses Kategorisieren ist auch sinnvoll, denn es wirkt wie ein Selektionsmechanismus und schützt uns vor Reizüberflutung. Schließlich ist unser Speicher im Kurzzeitgedächtnis nicht unendlich.

Dennoch sollten wir Kindern die Möglichkeit geben, diese Art von Selektion selbst zu wählen. Nun scheint es vielleicht so, als würde die Meditation ein Mittel sein, um Negatives in der Welt auszublenden. Falls Sie das glauben und Kinder vor jeglicher Negativität im Leben schützen wollen, dann kann ich Ihnen nur davon abraten.

Aber ich kann Sie beruhigen, Sie können es schaffen, Positives und Negatives in Einklang zu bringen. Das innere Gleichgewicht kann erreicht werden, indem wir Unschönes annehmen und zu uns gehören lassen. Nehmen wir Dinge an, ohne dass wir erfolglos gegen sie ankämpfen, schaffen wir einen inneren Frieden, der viel Energie mit sich bringt. Um genau das zu erreichen, ist die Mediation die beste Übung für Kinder.

Schädliche Gedankenmuster können so aufgegeben werden und das Potential des Kindes kann wieder vollkommen ausgeschöpft werden. Das Kind soll nun in die Rolle des Beobachters schlüpfen und weniger in die Rolle des Akteurs seiner Gedanken. Wenn das Kind lernt, seine negativen Gefühle und Sorgen nur zu beobachten und sich nicht mit diesen zu identifizieren, schafft es einen Raum voller Freiheit und Kreativität. Ist der Geist des Kindes verengt, kann es sich weder konzentrieren noch jegliche Form von Fantasie verspüren.

Bevor wir nun zu einigen verschiedenen kindgerechten Übungen der Meditation kommen, möchte ich noch auf einen wichtigen Punkt hinweisen. Zum einen gibt es nicht *die* eine Meditation. Allein im Netz existieren zahlreiche Strategien, wie man richtig meditieren kann. Ratsam ist, mit dem Kind verschiedene Strategien auszuprobieren und dann die auszuwählen, die gut funktioniert und auch angenehm für das Kind ist. Für Kinder kann es beängstigend wirken, wenn sie von jetzt auf gleich ganz stillsitzen sollen und ich kann Ihnen sagen, dass der Zustand der Ruhe auch nicht lange andauern wird, wenn Sie so mit dem Kind beginnen. Die stille, nicht dynamische Meditation kann Angst auslösen und davor sollte das Kind geschützt sein.

Stattdessen sollte sie eine Geborgenheit und innere Wärme in dem Kind evozieren, weshalb es die richtige Form der Meditation bedarf. Das Kind selbst sollte entscheiden, welche Form der Meditation in ihm Resonanz auslöst. Denn nur wenn die Autonomie des Kindes gewährt ist, sind die Techniken effektiv. Zum anderen ist es wichtig zu wissen, dass es eine Zeit dauern wird, bis das Meditieren eine Wirkung erreicht. Die Fähigkeit des Meditierens ist nicht sofort erlernbar, es ist vielmehr ein Prozess. Seien Sie geduldig mit dem Kind, dem Sie die Techniken lehren. So wie auch für uns ist es für das Kind eine große Hürde, sich aus der Komfortzone zu begeben und sich nur mit der eigenen Präsenz zu beschäftigen.

Führen Sie sich vor Augen, dass auch der Prozess in dem Kind zählt und nicht nur das Ziel der meditativen Wirkung. Vermitteln Sie dem Kind, dass Sie sich mit ihm auf eine spannende Reise zu sich selbst begeben. Die Übungen sollten spannend, ansprechend und interessant für das Kind gestaltet sein. Dieses Ziel erreicht man, indem man mit den Sinnen und der Fantasie des Kindes spielt.

Nun fragen Sie sich bestimmt, wann der richtige Zeitpunkt ist, mit der Meditationslehre zu beginnen, doch ich kann Ihnen diese Frage nur mit einer klaren Aussage beantworten: Es gibt keinen geeigneten Zeitpunkt. Es bedarf keiner Bedenkzeit. Sie können sofort mit den Kindern beginnen, sofern das geeignete Umfeld gegeben ist.

Geeignetes Umfeld bedeutet in dem Sinne, dass es ein Ort sein sollte, an dem sich das Kind wohl fühlt und geschützt ist. Alle elektronischen Geräte oder Handys sollten ausgeschaltet sein. Der Raum sollte ordentlich sein, wohlig warm und das Kind sollte bequeme Kleidung tragen. Es ist auch ratsam, eine Kerze anzuzünden – ein schönes Symbol der Ruhe und des Friedens.

Vorab sollten Sie die Techniken auf das Alter des Kindes anpassen. Für kleinere Kinder sollte die Mediation selbstverständlich viel spielerischer sein als für Teenager.

Übung für Kinder im Kindergartenalter

Das Kind legt sich entspannt auf den Boden auf eine Matte. Verbieten Sie dem Kind nicht, zu reden, aber machen Sie darauf aufmerksam, dass nun Geräusche entstehen werden, die man nur hört, wenn man leise ist. Dann legen Sie eine Klangschale auf den Bauch des Kindes.

Halten Sie zunächst inne und lassen Sie das Objekt auf das Kind einwirken. Fragen Sie das Kind, ob es das Gewicht der Schale spüren kann. Nachdem sich das Kind an die Schale auf dem Bauch gewöhnt hat und nicht mehr ganz so neugierig ist, können Sie beginnen, die Schale sanft anzuklingen. Achten Sie darauf, dass es nicht zu laut ist, damit sich das Kind nicht erschrickt und auch die kleinen Reize spüren kann.

Oftmals reagiert das Kind erschrocken, fängt an zu lachen, weil es kitzelt. Lassen Sie dies ruhig zu. Wiederholen Sie es mehrfach ohne Worte. Nachdem sich das Kind an die Vibration im Körper gewöhnt hat, können Sie erfragen, wo es das Kribbeln spürt. Ist es nur im Bauch oder zieht es sogar in den Fuß? Lassen Sie das Kind das Gefühl näher erläutern. Diese Übung fördert wunderbar das Bewusstsein des Körpers.

Übung für Kinder im Grundschulalter

Lassen Sie die Kinder in einen Kreis auf den Boden legen. Dabei sollten sich die Kinder nicht gegenseitig berühren. Bitten Sie das Kind zur Ruhe zu kommen und weisen Sie darauf hin, dass nun das Reden nicht erwünscht ist. Sprechen Sie weniger ein Verbot aus, sondern erklären Sie ihm im Vorhinein, wovon die folgende Übung handelt und was sie bezwecken soll.

Dann verteilen Sie ein Spielzeug oder ein anderes Objekt auf die Bäuche der Kinder und weisen darauf hin, dass dies nicht berührt werden darf. Anschließend bitten Sie die Kinder, die Augen zu schließen und ruhig zu atmen. Sie erklären ihm, dass nun das Ziel ist, dass Objekt durch die Ein- und Ausatmung mit dem Bauch hoch und runter zu bewegen. Machen Sie das Kind darauf aufmerksam, dass das Spielzeug, je tiefer das Kind atmet, umso stärker bewegt.

Diese Übung sollte anfangs fünf Minuten praktiziert werden, bis Sie dem Kind das Signal geben, dass es nun aufhören kann. Machen Sie diese Übung mit den Kindern zum Ritual. Zu Beginn belassen Sie es gerne bei den fünf Minuten, doch sobald Sie bemerken, dass sich alle Kinder gut darauf einlassen können, können Sie das Zeitfenster minimal vergrößern. Diese Übung macht es möglich, den Fokus auf die Atmung zu legen, ohne dass das Kind es bewusst bemerkt.

Übung für Teenager

Bereiten Sie die Jugendlichen darauf vor, dass nun eine Traumreise beginnt. Weisen Sie darauf hin, dass sie sich in eine bequeme Haltung begeben. Diese kann sitzend, aber auch liegend sein.

Bitten Sie die Jugendlichen die Augen zu schließen und zur Ruhe zu kommen. Der Fokus sollte nun auf der Atmung sein und auf dem, was nun folgt. Lesen Sie ihnen dann folgendes ruhig und mit leiser Stimme vor:

Komme in deiner Fantasiewelt an. Ich werde dich dabei begleiten und alles, was du dazu brauchst, bist nur du selbst. Folge meinen Worten und blende alles aus, was um dich herum passiert. Konzentrier dich nur auf dich und deine Atmung.

Nun stelle dir vor, wie du ein Kino betrittst, überall sind Menschen und ein Geruch von frischem Popcorn kommt dir entgegen. Du siehst Jugendliche in deinem Alter, Pärchen und die Kasse, davor eine lange Schlange. Was glaubst du, in welchen Film wollen die Personen gehen? In einen Liebesfilm oder doch eher in den Actionfilm?

Die Stimmung ist ausgelassen, keiner ist schlecht gelaunt, alle freuen sich auf den Abend. Nachdem du dir ein Ticket für die Filmvorstellung gekauft hast, begibst du dich in den Kinosaal. Das Licht ist dunkel und überall sitzen Menschen verteilt auf den Sitzen. Du setzt dich auch hin. Auf deinen Lieblingsplatz.

Du ziehst deine Schuhe aus und machst es dir so richtig gemütlich auf dem Sessel. Auf der Leinwand erscheint der Film und du hörst die laute Musik durch die Boxen. Stell dir vor, die gezeigten Personen auf der Leinwand sind auf dem Weg zum Meer und du bist mitten drin. Ihr fahrt in einem Cabrio nach Italien. Die Sonne strahlt auf das Auto, ihr hört eure Lieblingslieder und singt eifrig mit. Deine Haare wehen im Winde und du hast ein großes Grinsen im Gesicht.

Du freust dich auf die Tage am Meer, bist mit deinen liebsten Menschen beisammen und lässt alle Gedanken los. Ihr nehmt eine Landstraße geschmückt von Pinienbäumen, die wunderschön aussehen und im Winde wehen. Du nimmst einen tiefen Atemzug der frischen Landluft. Es tut dir gut, loszulassen. Was riechst du? Was schmeckst du? Spüre die wohlige Wärme des Sonnenlichts. Genieße für ein paar Atemzüge diese Vorstellung (eine Minute Pause).

Nun wollen wir aus der Fantasiereise in die Realität zurückkehren. Versuche das schöne Gefühl, was du gerade hattest, auf deine Rückreise mitzunehmen. Bewege langsam deine Finger, deine Zehen, gähne, und strecke dich. Nun öffne ganz langsam, sobald du dafür bereit bist, deine Augen. Konzentrier dich weiterhin nur auf dich und blende dein Umfeld aus. Willkommen zurück!

TANZEN

Gerade kleinen Kinder fällt das Stillsitzen nicht gerade leicht. Ihnen kommt vielleicht die achtsame Bewegung entgegen, vor allem die des Rhythmus. Gerade Übungen, wo sie sich schütteln, laufen und hüpfen, sind dann geeignet.

Neben dem Spaß und der Freude an der Bewegung, nimmt das Kind sich und seinen Körper bewusst wahr. All die Energie, die das Kind verspürt, kann raus und sich somit „entladen“. Wut und Ärger können herausgeschüttelt werden. Nebenbei werden Gedanken und Sorgen vergessen, denn all die Konzentration liegt auf dem Tanz.

Trommeltanz
Sie benötigen für diese Übung eine Trommel. Ihre Aufgabe besteht in dieser Übung darin, einen Rhythmus mit der Trommel zu erzeugen. Die Übung eignet sich hervorragend in einer Gruppe von Kindern, kann aber auch zuhause mit einem Kind durchgeführt werden.

Die Kinder sollen sich vorstellen, dass sie unter ihren Füßen einen Kleber schmieren. Von der Fußspitze bis hin zur Ferse. Dann stellen die Kinder die Füße auf den Boden und sind dort nun imaginär festgeklebt. Nun gehen sie in die Knie und das Ziel ist es, so stark mit den Knien zu wackeln wie möglich, ohne dass sich die Füße vom Boden lösen.

Nun passt sich die Bewegung dem Rhythmus der Trommel an. Je lauter die Töne der Trommel, desto größer ist die Bewegung. Bewegen Sie sich gerne mit, sofern es Ihnen gelingt, dabei zu trommeln. Erhöhen Sie die Frequenz Ihrer Trommelbewegung. Auch für die Kinder bedeutet es, die Knie schneller zu bewegen. Trommeln Sie langsam, so soll die Bewegung langsam durchgeführt werden. Sobald das Geräusch erlischt, gilt es, sich nicht zu bewegen. Das letzte Kind, das sich dann noch bewegt hat, darf dann an die Trommel.

NAHRUNGSAUFNAHME

Die gemeinsame Nahrungsaufnahme ist ein wichtiger Bestandteil in unseren sozialen Beziehungen. Wir verabreden uns zum Essen mit Freunden oder nutzen es als Zusammenkunft aller Familienmitglieder. Das Einnehmen von gemeinsamen Mahlzeiten ist schlichtweg ein Gegenstand unseres Lebens.

Dennoch ist es für nicht alle Menschen ein Moment der Ruhe, sondern vielmehr des Zwecks wegen. Gerade in der heutigen Zeit nehmen wir uns wenig Zeit für die Nahrungsaufnahme. Oftmals genügt ein schnell belegtes Brötchen vom Bäcker, das wir vor dem Computer zu uns nehmen. Es ist für uns selbstverständlich geworden, Nahrung schnell zu bekommen und zu verzehren.

Leider geht dabei allerdings die Wertschätzung für die Lebensmittel und ihren Verzehr verloren. Wir stopfen das Essen in uns hinein ohne uns bewusst zu sein, was wir gerade tun. Das ist nicht nur schädlich für unseren Organismus, da das Schlingen es schwer verdaulich macht, sondern auch für unseren Geist. Wir führen mehr zu, als wir wollen und uns bewusst ist. Trotzdem fühlen wir uns nach der Mahlzeit unbefriedigt und ungesättigt, was eigentlich vollkommen paradox erscheint, wenn man überdenkt, wieviel Nährwerte man zuvor aufgenommen hat.

Die Folge ist Übergewicht und mentale Unausgeglichenheit. Der Körper verliert die Fähigkeit, zwischen Hunger und Appetit zu differenzieren oder verwechselt es sogar. Die Beziehung zum eigenen Körper geht verloren und das Sättigungsgefühl wird überhört. Dabei sollte uns die Nahrung doch Energie liefern und unsere Gesundheit fördern. Als Erwachsene haben wir unser Essverhalten in der Hand und es hat sich höchstwahrscheinlich schon lange so etabliert. Kinder schauen es sich bei uns ab und übernehmen somit auch den für den Menschen schädlichen Konsum.

Es liegt also auch in unserer Verantwortung, Kindern adäquate Nahrungsaufnahme zu demonstrieren und sie dazu bringen, mit sich und ihrem Essen achtsam umzugehen. Mahlzeiten sollten nämlich als Genuss gesehen werden und ohne jegliche Ablenkungen stattfinden. In vielen Haushalten läuft nebenbei der Fernseher oder die Handys liegen neben dem Teller. Diese Verhaltensweisen sind enorm schädlich für das Kind und Sie.

Sie vermitteln dem Kind einerseits, dass das Essen eine Familienzusammenkunft sei, aber andererseits können sich die Familienmitglieder gar nicht untereinander austauschen, da elektronische Geräte in dem Moment viel interessanter scheinen und die gesamte Aufmerksamkeit auf sich ziehen. Wie soll ein Kind verstehen, dass es nun Freiraum hat, vom Tag zu erzählen, wenn die Eltern auf dem Handy tippen? Das gemeinsame Einnehmen von Mahlzeiten spielt eine immense Rolle für die Bindung zwischen Eltern und Kind.

Am Essenstisch ist es nämlich dem Kind möglich, all die Erlebnisse und Emotionen, die es über den Tag erfahren hat, zu teilen. Neben dem Austausch ist die Nahrungsaufnahme aber auch eine Gelegenheit für das Kind, zur Ruhe zu kommen, sich nur auf sich und das Kauen zu konzentrieren. In dem Augenblick sollte das Kind jeden Bissen wahrnehmen und mental wirklich dabei sein. Es sollte ihm möglich sein, während der

Mahlzeit in seinen Körper hineinzuhorchen und die Signale zu verstehen. Säuglinge unterliegen diesem Prozess auf natürliche Weise. Sie saugen an der Brust der Mutter, wann immer Sie sich hungrig fühlen und es genügen meist kleine Mengen, bis ihr Sättigungsgefühl einsetzt. Im Gegensatz zu Heranwachsenden, sind sie noch sensibel genug. Die Nahrungsaufnahme ist ursprünglich ein vielfältiges Experiment der Geschmäcker, der Gerüche und der Konsistenz. In vielen Familien ist es untersagt, mit Essen zu spielen, doch ich lehne es stark ab. Verstehen Sie mich nicht falsch, ich bin kein Vertreter der Verschwendung. Es geht mir viel mehr darum, dem Kind die Chance zu geben, Essen auch als ein Erlebnis wahrzunehmen. Dafür bedarf es nicht einen Teller voller Lebensmittel, sondern es genügt schon beispielsweise eine Bohne.

Übung für achtsames Essen

Lassen Sie das Kind die Bohne betrachten: Ihre Form, ihre Farbe, ihre Konsistenz. Erfragen Sie, was das Kind sieht (es sollte nur die Bohne auf dem Teller oder in der Hand liegen). Falls das Kind Schwierigkeiten hat, zu verstehen, was es tun soll, können Sie ihm Adjektive vorschlagen wie „glatt“ oder „runzelig“.

Erkunden Sie sich bei dem Kind, wie die Bohne riecht und wie sie sich anfühlt. Ist sie weich oder ist sie hart? Riecht sie erdig oder süß? Schlagen Sie dem Kind vor, die Bohne ans Ohr zu halten und dabei auf die Bohne zu drücken. Macht sie ein Geräusch? Wie hört es sich an?

Anschließend darf das Kind die Bohne in den Mund nehmen, soll sie aber nicht runterschlucken. Wie schmeckt sie? Salzig? Süß? Bitter? Bitten Sie das Kind nun ganz langsam und bewusst zu kauen. Das Ziel sollte sein, die Bohne so lange, wie es nur geht, zu zerkauen. Wenn es nicht mehr möglich ist, darf das Kind die Reste der Bohne hinunterschlucken. Erklären Sie ihm nun spielerisch, wie die Bohne durch die Speiseröhre in den Magen gelingt, von da aus verdaut wird und in den Darm gelangt.

Dies ist eine hervorragende Übung, um bewusst zu schmecken. Ganz wichtig ist allerdings der Spaßfaktor. Das Kind sollte Freude an dem kleinen Experiment haben und ganz nebenbei achtsam essen. Der Fokus liegt nämlich nur auf der Nahrungsaufnahme ganz ohne Zwang.

MUSIK

Seit einigen Jahren existiert die Idee, dass das Musizieren eine Form des Achtsamkeitstrainings sein kann. Musik ermöglicht uns, im Hier und Jetzt anzukommen und das ganz ohne jegliche Bewertungen. Ein Instrument kann nur erklingen, wenn wir es berühren oder hineinatmen.

Ganz banale Sinnesempfindungen sind also essentiell für die Tonerzeugung. Wir können unseren Körper spüren und mit ihm arbeiten. Die Klänge werden viel aufmerksamer von uns wahrgenommen, wenn wir sie selbst erzeugt haben. Wir erleben Rhythmus und folgen Ton für Ton. Das bewusste Zuhören ist Form der Achtsamkeitslehre.

Zur Produktion eines stimmigen Klangs bedarf es viel Konzentration. Wir müssen in uns hineinhorchen, ob der Ton richtig oder schief klingt. Unsere Aufmerksamkeit liegt zwar „nur" auf dem Instrument, doch damit sind viele simultane Prozesse verbunden, die gar nicht mal so einfach sind: Noten lesen, Rhythmus halten, spielen, mit dem Fuß wippen und so weiter. Wer sich hier nicht konzentriert, wird keinen schönen Klang produzieren.

Die volle Aufmerksamkeit auf unsere Sinne zu richten, verdrängt alle Informationen, die wir nicht benötigen und somit für das Gehirn Überreizung bedeuten. Diese Informationen sind beispielsweise Gedanken, die hier keinen Nutzen haben.

Eine einfachere Übung, um Gedanken zu stoppen, als das Musizieren, gibt es eigentlich gar nicht. Wer also täglich ein Instrument spielt, führt sozusagen eine Meditation durch.

Indem Kinder früh ein Instrument erlernen, wird also zu Beginn ihrer Kindheit die Wahrnehmung des eigenen Körpers und die Konzentration geschult. Letztendlich erfahren sie eine Form der Achtsamkeitslehre und werden fokussierter im Leben.

Übung in der Gruppe

Es bedarf einer Kiste voller Instrumente: Flöte, Trommel, Triangel oder Fingercymbeln. Jedes Kind sucht sich in der Kiste ein Instrument seiner Wahl aus. Das Instrument darf direkt für Töne benutzt werden und die Kinder beginnen zu spielen. Ein Kind in der Runde ist der Zuhörer und darf sich kein Instrument aus der Kiste nehmen. Dieses Kind wird zuvor ausgewählt, darf herumgehen und einfach nur zuhören. Aufgabe des Zuhörers ist es, sich das Instrument mit den schönsten Tönen auszusuchen.

Das Kind, welches das gewählte Instrument spielt, wird nun zum Zuhörer. Das andere Kind wird nun zum Spieler des Instruments. Das Spiel wird solange fortgeführt, bis jedes Kind einmal Zuhörer war. Diese Übung dient der bewussten Wahrnehmung von Tönen und zur Verbesserung der Aufmerksamkeit.

Übung zu zweit

Diese Übung kann auch in der Gruppe durchgeführt werden. Sie als Lehrende sind der Dirigent. Das Kind ist der Sänger. Durch Körperbewegungen gibt der Dirigent dem Sänger Anweisungen, wie laut und stark er singen soll.

Geht er beispielsweise in die Hocke, bedeutet dies, tiefer zu singen. Macht der Dirigent schnelle Bewegungen mit der Hand, soll das Kind schneller singen.

Zuvor können vom Kind auch verschiedene Geräusche, die es mit der eigenen Stimme erzeugen kann, mit einer bestimmten Geste festgelegt werden. Wenn der Dirigent beispielsweise nach rechts zeigt, wird das Geräusch eines Löwen eingesetzt. Diese Übung dient der Wahrnehmung und der Variation der eigenen Stimme.

NATUR

Die Natur ist ein großer Part der Achtsamkeitslehre. In ihr findet man die Ruhe und die Kraft, neue Energie zu tanken. Sie gibt uns mehr, als uns bewusst ist. Viel zu oft unterschätzen wir die Magie der Natur. Die Wahrnehmung jedes einzelnen Baums oder Vogels erdet uns. Die Natur hat eine immense Wirkung auf uns, sodass wir sogar unsere Sorgen und Probleme vergessen. Je mehr wir ihr die Gelegenheit geben, sie auf uns wirken zu lassen, desto achtsamer werden wir mit uns selbst und der Umgebung. Sie entschleunigt uns und schärft all unsere Sinne. In der Natur ist es möglich, all seine Aufmerksamkeit dem gegenwärtigen Moment zu schenken. Uns wird schnell bewusst, wie viele wunderbare Ressourcen sich um uns befinden.

Übung für achtsames Spazierengehen
Normalerweise laufen wir durch die Straßen, ohne uns umzuschauen. Wir haben die Augen offen und doch verschließen wir sie vor kleinen Details. Um dem entgegenzugehen, dient diese Übung, die Sie mit Ihrem Kind gemeinsam durchführen können. Mit dieser Übung wird es wieder möglich sein, schöne Dinge zu entdecken. Sei es nur ein Gänseblümchen.

Diese Form der Achtsamkeit ist eine aktive Methode. Nehmen Sie Ihr Kind oder Ihre Kinder mit auf diese spannende Reise und üben Sie dadurch mehr Gelassenheit. Gehen Sie raus und weisen Sie Ihr Kind darauf hin, dem Gehen die volle Aufmerksamkeit zu schenken. Der Fokus soll auf die Bewegung gelegt werden, weniger auf das Miteinander.

Erfragen Sie, was Ihr Kind beim Gehen spürt. Setzt es zuerst den Fußballen auf oder die Ferse? Nun wird auf den Fuß die Aufmerksamkeit gerichtet. Die Schwerkraft lässt uns immer wieder den Boden spüren. Wie fühlt sich der Untergrund an? Ist er hart oder weich? Spüren Sie und das Kind Steinchen unter dem Schuh? Hören Sie es knistern? Hören Sie Tiere? Nun widmen wir uns dem Atem. Erklären Sie dem Kind, dass es nun einatmen möchte, wenn es mit dem rechten Fuß einen Schritt macht und ausatmet, wenn es das linke Bein nachzieht. Der Atem wird in Einklang mit der Bewegung gebracht. Wenn Sie 20 Schritte vollbracht haben, ändern Sie die Atemtechnik ganz nach Ihren Wünschen.

Übung für achtsames Steine zerstreuen

Gehen oder fahren Sie zu einem Ort, an dem sich viele Steine befinden. Es kann ein Flussufer, ein See oder irgendwo im Wald sein. Sammeln Sie mit dem Kind zusammen Steine und wählen Sie ganz gewählte Steine aus. Betrachten Sie den Stein bewusst. Wie fühlt er sich an? Ist er rau oder glatt? Riechen Sie zusammen am Stein und tauschen Sie sich aus, woran der Geruch Sie erinnert.

Nachdem Sie alle Steine gesammelt haben, dürfen Sie und Ihr Kind jeweils einen Lieblingsstein aussuchen. Beschreiben Sie sich gegenseitig, wieso Sie gerade diesen gewählt haben. Ist es die Form oder die Farbe? Danach werden die Steine wieder zerstreut. Stein für Stein.

KUNST

Das Zeichnen und Malen eignen sich wunderbar, um Emotionen von Kindern zu erkennen und mit ihnen zu arbeiten. Kinder gelingt es sehr gut, das, was sie fühlen, in Bildern auszudrücken. Oftmals fällt es ihnen leichter, als die Dinge auszusprechen.

Malen ist nur eine weitere Möglichkeit, ein Tagebuch zu führen. – Pablo Picasso –

Übung für achtsames Malen ab dem Kindergartenalter

Gehen Sie mit Ihrem Kind raus in den Garten oder in den Park und lassen Sie es Blätter, Äste, Steine oder Kastanien sammeln. Die Sammlung sollte aus Dingen bestehen, die das Kind aufgehoben hat, und somit ganz nach seinem Geschmack sind. Zuhause setzen Sie sich dann an einen Tisch mit Zeichenblock, Buntstiften oder Wassermalfarben. Nun können Sie mit dem Kind (gemeinsam) einen der Gegenstände wählen und abzeichnen. Das Kind soll möglichst das zeichnen, was es sieht, also so realitätsnah, wie es die Fähigkeiten des Kindes zulassen.

Helfen Sie dem Kind nicht beim Zeichnen. Am Anfang kann es gut sein, dass das Kind dazu neigt, nur Umkreise zu übernehmen. Setzen Sie sich nun täglich an den Tisch und bitten Sie das Kind, mehr Details in das Bild einzubauen. Sie werden sehen – das Kind wird immer mehr sehen und mehr finden, was es noch ergänzen kann. Diese Übung eignet sich auch wunderbar für eine Schulklasse.

Übung für achtsames Malen ab dem Schulalter

Lassen Sie das oder die Kinder ihren emotionalen Zustand in Farben oder in Form von Symbolen ausdrücken. Dazu könnten die Farben und Symbole verschiedene Gemütszustände repräsentieren. Stellen Sie diese dem Kind zunächst vor:

- Weiß: steht für Ehrlichkeit und Ordnung
- Schwarz: steht für Trauer und negative Gedanken
- Blau: steht für Zufriedenheit und Harmonie
- Gelb: steht für Freundlichkeit und Wärme

- Rot: steht für Wut und Stärke
- Grün: steht für Natur und Ruhe
- Mond: steht für Müdigkeit
- Sonne: steht für Konzentration und Wachheit
- Regen: steht für Angst und Trauer
- Gewitter: steht für Stärke

Anschließend kann das Kind die Farben und die Symbole für sein Bild wählen, nach denen ihm gerade ist. Wenn das Kind eher eine negative Stimmung durch die Zeichnung ausdrückt, so sollte die Übung möglichst am selben oder am nächsten Tag noch einmal durchgeführt werden. So kann man Kindern zeigen, dass es ganz normal ist, sich manchmal schlecht zu fühlen und manchmal gut.

SCHREIBEN

Für die Verfechter der Positiven Psychologie ist es nichts Neues, dass die tägliche Reflexion die psychische Gesundheit fördert. Im Rahmen des täglichen Tagebuchschreibens kann Dankbarkeit und Persönlichkeitsentwicklung ihren Raum finden.

Macht man das tägliche Schreiben zu einer Gewohnheit, schult man zum einen seine Achtsamkeit und steigert zum anderen das positive Lebensgefühl. Werden wenige Minuten am Tag der Wertschätzung gewidmet, so kann viel leichter eine innere Balance und Zufriedenheit erreicht werden. In dem Augenblick des Schreibens sind wir im Hier und Jetzt und konzentriert.

Wenn wir einmal im Tunnel sind, so ist es schwer, uns abzulenken. Immer wenn Kinder Impulse verspüren, sollten sie sich dem Schreiben hingeben, um somit ihren Zustand für ein paar Minuten zu entschleunigen. Es sollte jedoch keinen Zwang darstellen, sondern lediglich eine Möglichkeit, für einen Moment in den Emotionen zu verweilen.

Durch das Schreiben kann das Kind seine Dankbarkeit ausdrücken, die ihm so vielleicht nicht so leicht über die Lippen geht. Negative Erfahrungen inklusive Ängste, Sorgen und Kummer werden bewusst wahrgenommen und vielleicht besser verstanden. Werden starke Emotionen empfunden, so empfiehlt es sich, diese ganz detailliert aufzuschreiben. Je konkreter der Eintrag, desto mehr lassen wir die Gedanken los.

Übung für achtsames Schreiben ab dem Schulalter

Setzen Sie sich zusammen mit dem Kind an den Tisch und verwenden Sie ein kleines Notizbuch, in das das Kind nun immer seine Gedanken aufschreibt. Eine schöne Übung, um das Selbstbewusstsein und die Selbstwirksamkeit des Kindes zu fördern, könnte sein: Das Kind schreibt den Satz „Ich finde, ich mag mich, weil ...“ untereinander fünfmal auf. Nun nimmt es sich ein wenig Zeit, um zu überlegen. Es können Eigenschaften sein oder auch Erlebnisse, die es als schön empfunden hat. Bestandteil dessen können auch Komplimente an sich selbst sein. Sinnvoll wäre es, die Übung regelmäßig mit dem Kind durchzuführen. So erfährt das Kind intrinsisch erzeugte Wertschätzung und kann erkennen, dass es selbst viel bewirken kann und niemanden dazu braucht.

An Tagen, an denen das Kind wütend auf sich selbst ist, kann es einen Blick in das Notizbuch werfen und sich daran erinnern, dass es sich auch an anderen Tagen besser gefühlt hat und sich mochte.

Luftballon Übung

Setzen Sie sich mit Ihrem Kind zusammen und malen auf ein Blatt Papier Luftballone. Nun soll das Kind alle Sorgen oder Dinge, die es nicht kontrollieren kann, gehen lassen. Wie ein Luftballon sollen diese Gedanken wegfliegen. In jeden einzelnen Luftballon wird der Gedanke, oder der

Gegenstand, fliegen gelassen. Dazu malt oder schreibt das Kind diesen in den Ballon. Es ist eine schöne Übung, um Kindern das Loslassen zu lehren.

Übung: Worte sprudeln lassen

Bitten Sie das Kind einfach einmal die Worte sprudeln zu lassen beim Erinnern bestimmter Ereignisse. Das kann die letzte Klassenfahrt oder der Besuch bei den Großeltern sein. Alle Gedanken, Gefühle und Erinnerungen sollen hier Raum gegeben werden. Betonen Sie, dass es hier kein richtig oder falsch gibt. Dies ist eine wunderbare Übung, um die Selbst- und Fremdwahrnehmung des Kindes zu steigern. Es lernt zudem, die Emotionen selbst regulieren zu können, indem es sie reflektiert.

ABENDRITUAL

Unser Alltag besteht aus vielen Ritualen, ohne dass wir es immer bemerken. Das kann der morgendliche Kaffee, der Spaziergang zur Arbeit, das Lesen der Tageszeitung, das Stück Schokolade nach dem Mittagessen oder auch die Körperpflege sein.

Sie geben uns Stabilität, Sicherheit und das Gefühl, alles unter Kontrolle zu haben. Ohne dass wir es provozieren, lösen sie in uns das Gefühl der Freude aus. Sie ermöglichen uns, die Welt zu einem geordneten System zu machen. Ordnung gibt uns Halt und Durchsicht, wir haben das Gefühl, alles zu durchblicken, und schützen uns somit vor Überreizung.

Studien an der Harvard Business School zeigen, dass Rituale seelisches Leid lindern können. Sie testeten Personen, die einen Menschen verloren hatten und entweder ein Ritual, wie die Vermeidung bestimmter Orte, nach dessen Tod praktizierten oder nicht. Die Gruppe, die regelmäßig ein gewisses Ritual durchführte, verspürte weniger Trauer und weniger das Gefühl der Machtlosigkeit.

Die Forscher begründeten das Ergebnis damit, dass Rituale eine abrupte Veränderung verhindern würden. Durch ihre Ausführung kann das Individuum sich schrittweise von dem geliebten Menschen verabschieden und das Gefühl der Kontrolle zumindest minimal bewahren.

Diese Gewohnheiten sind schon so oft von uns durchgeführt worden, dass sie automatisch ablaufen. Sie sind zu einem intuitiven und unbewussten Prozess geworden. Leider geht dabei die Wahrnehmung des Hier und Jetzt verloren, die jedoch rapide wieder herstellbar ist. Wiederholen wir bestimmte Handlungen tagtäglich, so können wir dem Empfinden von Sinnlosigkeit und Verwirrung entgegensteuern. Es sind die kleinen Dinge im Leben, die uns Halt geben, und somit auch unseren Kindern. Der Fokus von achtsamen Ritualen liegt in der geistigen Haltung.

Ob allein das Zähneputzen für das Kind ein Achtsamkeitsritual wird, liegt also lediglich an dem Bewusstsein, das an die Durchführung geknüpft ist. Auch Kinder mögen Rituale und sind nicht sehr flexibel, wenn es um Planänderungen geht. Das kennen Sie doch nur gut, wenn Sie sich auf einen Abend mit Ihrem Partner gefreut haben, der Babysitter aber alle zehn Minuten anruft, weil Ihr Kind sich nicht beruhigen lässt. Kein Wunder! Denn das Kind hat beispielsweise nicht das gewohnte Abendritual mit Ihnen durchgeführt, sondern musste sich einer neuen Situation anpassen.

Gefühle der Enttäuschung und der Unsicherheit werden im Kind evoziert. Meines Erachtens spielt der Moment, in dem man an der Bettkante sitzt und das Kind zum Schlafen bringt, eine immense Rolle in der Achtsamkeitslehre. Es ist ein Augenblick des Rückzugs, wo nur Sie und das Kind zusammentreffen. Hier sollte für das Kind Raum des Reflektierens des vergangenen Tages gegeben werden, um Erlebtes loszulassen. Folgende Fragestellungen können hierbei hilfreich sein:

- Was war dein schönstes Erlebnis heute?
- Was hast du heute als blöd empfunden?
- Was hast du heute gelernt?
- Wer war heute besonders nett zu dir?
- Wofür bist du heute dankbar?
- Was hat dir heute besonders Spaß gemacht?

Viele Kinder genießen als Abendritual die Flasche mit Milch, während sie schon im Bett liegen. Durch das Nuckeln am Fläschchen beruhigt sich oftmals der Geist und die Wahrnehmung des Kindes wird wieder bewusster. Es kann alle Sinne bewusst einsetzen: Das Fläschchen fühlen, die Milch riechen, dem Sauggeräusch folgen, die Wärme spüren und jeden Schluck genießen. Das achtsame Trinken entschleunigt den Tag des Kindes und es kann sich alle Zeit der Welt nehmen, die es braucht, um die Flasche zu leeren. Es kann sich so ganz sanft vom Tag verabschieden und auf die Nacht einstimmen. Auch für Sie ist es ein Moment, der Hektik des Alltags zu entfliehen und dem Kind Nähe, bzw. Geborgenheit, zu geben.

Ein weiteres Abendritual könnte das Vorlesen einer Geschichte sein. Gewöhnen Sie sich an, circa immer gleich viele Seiten vorzulesen. Es sollte ein Buch gewählt werden, welches das Kind entspannen lässt und nicht unnötig aufdreht oder kognitiv fordert. Während Sie dem Kind etwas vorlesen, können Sie ihm den Rücken kraulen oder es sanft über den Kopf streicheln. Viele Kinder freuen sich auf die wenigen Minuten, die sie mit den Eltern abends ganz für sich verbringen.

Machen Sie genau das, was sich gut für Sie und Ihr Kind anfühlt. Eine andere Form des Ritus kann auch ein Abendgebet mit ähnlich wiederkehrenden Zeilen sein, das Sie mit dem Kind täglich wiederholen. Dazu könnte man eine Lampe zusammen anknipsen, während der ganze Raum abgedunkelt ist. Besonders eignen sich Lampen in Form von Sternen oder des Monds. Im Schein des Lichts kann ein Kuschelritual durchgeführt werden.

Wichtig ist hierbei, dass die zuvor genannten Abendrituale regelmäßig praktiziert werden – am besten jeden Abend. Nur so kann das Kind Stabilität und Zuverlässigkeit von Ihnen verspüren.

SCHLAFENGEHEN

Kleine Kinder können zwar keine Uhr lesen, aber sie erfassen den zeitlichen Verlauf eines Tages schneller, als man denkt. Sie wissen, dass Dunkelheit Schlafen bedeutet und das gemeinsame Sitzen am Essenstisch wohl mit der Mittagzeit verknüpft ist. Es ist ihnen zwar nicht bewusst, dass wir Individuen unseren Tag nach festen Uhrzeiten planen, aber auch sie schaffen sich schon früh Struktur. Der Schlaf ist Teil dessen und spielt eine immense Rolle in der Entwicklung des Kindes.

Schlaf ist die beste Meditation. – Dalai Lama –

Der Schlaf hat neben den körperlichen Auswirkungen auch einen enormen Einfluss auf das psychische Befinden des Kindes. Wie wir alle zu gut wissen, fördert guter Schlaf unser Wohlbefinden und unsere Leistungsfähigkeit.

Sie kennen das mit Sicherheit bei Ihrem Kind, wenn es müde wird und viel knatscht oder die Schüler im Unterricht keinen vernünftigen Satz zustande bekommen. Gerade zu Beginn des Schulalters ist Schlaf ein wichtiger Faktor, denn gerade in dieser Entwicklungsstufe lernt das Kind tagtäglich intensiv neue Dinge, die es zu verarbeiten hat. Dabei ist der Bedarf an Schlafstunden individuell vom Kind abhängig und natürlich auch von seinem Alter.

Kinder im Alter zwischen sechs und dreizehn Jahren benötigen durchschnittlich zwischen neun und elf Stunden Schlaf. Schlaf schützt die Kinder vor Krankheiten und stärkt somit das Immunsystem. Die Lernfähigkeit, die Aufmerksamkeit und die Gedächtnisfähigkeiten verbessern sich mit höherer und qualitativer Schlafdauer. Doch oftmals stellt es eine große Herausforderung dar, Kinder zeitig ins Bett zu bringen.

Der Schultag wird immer länger, danach sollen sie noch Hausaufgaben erledigen und obendrein sozialen, bzw. sportlichen, Aktivitäten nachgehen. Das sind viele Erlebnisse und Anforderungen für das Kind. Für viele Kinder bleiben in der heutigen Zeit kaum noch Momente zum Durchatmen und abends liegen sie dann wach im Bett, während die Gedanken über den vergangenen Tag kreisen.

Schule und der damit verbundene soziale Druck können dem Kind Sorgen bereiten, welche ihm das Einschlafen erschweren. Deshalb hier der erste Punkt, der essentiell für ein achtsames Zubettgehen ist: Die Anpassung der Bettzeiten und die Einschränkung von elektronischen Geräten am Abend. Elektronische Geräte sollten sich nicht im Zimmer des Kindes befinden, da sie zu einer erhöhten mentalen und physiologischen Erregung führen, die das Einschlafen des Kindes behindern.

Optimal wäre es, die elektronischen Geräte gemeinsam auszuschalten, um eine symbolische Bedeutung für das Schlafengehen zu kreieren. Nun kommen wir zum zweiten wichtigen Punkt: Das Einhalten einer Schlafhygiene. Unter Schlafhygiene versteht man Verhaltensweisen, die einen erholsamen Schlaf und die Achtsamkeit auf den Körper unterstützen.

Die folgenden Aspekte können zu einer Schlafhygiene etabliert werden:

• **Das Kind sollte sich in seinem Zimmer wohlfühlen, keine Angst haben und nicht abgelenkt werden.** Aus diesem Grund ist es ratsam, wie zuvor schon genannt, alle elektronischen Geräte aus dem Raum zu entfernen. Zudem kann eine Nachtlampe in Form einer Wolke oder eines Mondes in Erwägung gezogen werden. Sie schafft ein wenig Helligkeit und verhindert, dass das Kind Angst im Dunklen entwickeln könnte. Im Zimmer sollten keine Spielzeuge auf dem Boden liegen, sondern zuvor gemeinsam mit dem Kind weggeräumt werden. Generell sollte Ordnung in der Schlafumgebung des Kindes herrschen.

• **Die Raumtemperatur sollte an die Jahreszeit und an das Wärmeempfinden des Kindes angepasst werden.** Dementsprechend könnte vor der Schlafprozedur das Zimmer gut belüftet werden und die passende Art der Decke gewählt werden. Die optimale Temperatur sollte zwischen 16 und 20 Grad Celsius liegen.

• **Finden Sie den Rhythmus Ihres Kindes heraus.** Zu viel Schlaf kann ebenfalls Stress für das Kind bedeuten, denn damit ist das lange Wachliegen oder das morgendliche Früherwachen verbunden.

• **Etablieren Sie einen ähnlichen Ablauf beim Vorbereiten des Zubettgehens.** Dazu gehören den Schlafanzug anzuziehen, die Zähne zu putzen, den anderen Familienmitgliedern „eine gute Nacht" zu wünschen, alle Kuscheltiere ins Bett zu bringen und abschließend eine Geschichte vorzulesen oder ähnliche Rituale durchzuführen. Die Reihenfolge sollte, so paradox es klingen mag, nicht verändert werden. Nur so schafft es der Körper, sich auf die Nachtruhe einzustellen.

• **Führen Sie Fantasiereisen mit dem Kind vor dem Schlafen durch.** Es ist eine tolle Form der Beruhigung für Sie und Ihr Kind. Es lenkt das Kind ab und fördert die Entspannung, die zum Einschlafen benötigt wird.

- **Das abendliche Vorlesen eines Mantras** ist ebenfalls eine Möglichkeit, das achtsame Zubettgehen zu praktizieren. Folgendes kleines Mantra könnte dabei verwendet werden:

Ohhhhhhhhm

Mögen alle Wesen in allen Welten glücklich sein.

Lass die Sonne ewig auf dich scheinen. Liebe dich umhüllen.

Ohhhhhhhm.

Übung zum Vorlesen (Schulalter)

Lege dich so hin, dass es ganz bequem für dich ist. Deine Füße haben Platz, dein Kopf liegt weich auf dem Kissen. Schließe deine Augen. Während du da so liegst, gib deinen Gedanken freien Lauf. Lass sie kommen und beobachte sie. Was sind das für Gedanken? Wer spielt in deinen Gedanken eine Rolle? Was passiert in deinen Gedanken? Sind die Personen freundlich oder böse? Betrachte sie wie einen Film. (Pause).

Die Bilder können schön sein, manchmal sind sie angstmachend. Hör ihnen ganz sanft zu. Sei dafür ganz ruhig und still. Sie kommen und sind ganz schnell wieder weg. Wenn du ihnen keine Aufmerksamkeit mehr gibst, verlassen sie deinen Kopf umso schneller.

Schick sie in deinen Bauch, denn dort haben sie keinen Raum, um sich zu entfalten (Pause). *Horche in deinen Bauch. Spürst du, wie sich dein Bauch immer auf und ab bewegt? Das alles verdankst du deinem Atem. Immer, wenn du einatmest, wölbt sich dein Bauch nach außen.*

Immer, wenn du ausatmest, drückt sich dein Bauch eher in den Boden (Pause). *Konzentrier dich nur auf deinen Bauch, denn da sind keine Gedanken. Spüre diese Ruhe, lass sie zu. Werde müde von deinem Atem. Schlafe mit deinem Atem ein. Ganz langsam.*

Kapitel 5: Anwendungsgebiete

Studien der Universität Leuven zeigen, dass die Teilnahme an einem Mindfulness-Programm für einige Wochen präventiv gegen Depressionen in Heranwachsenden wirke. Die Schüler nahmen entweder an dem Programm teil oder nicht, je nachdem, welcher Gruppe sie zugehörten.

Kinder, die zuvor schon mit Depressionen diagnostiziert wurden, verbesserten ihren emotionalen Zustand durch das Programm. Die Konzentration der Kinder verbesserte sich stark und das subjektive Stressempfinden nahm ab.

Auch die Stimmung der gesunden Kinder verbesserte sich signifikant durch das Programm. Es besteht ein positiver Zusammenhang zwischen Achtsamkeitstraining und Emotionsregulierung. Je achtsamer das Individuum, desto weniger ist der Verfall in negative Gedankenmuster, die Depressionen hervorrufen.

IN DER THERAPIE

Achtsamkeit spielt besonders in verhaltenstherapeutischen Settings eine große Rolle. Es hat sich gezeigt, dass sie gerade bei psychisch Erkrankten wirksam ist. Sei es eine Bewältigungsstrategie bei Stress, eine Regulation von emotionalen Zuständen oder zum Aufbau intakter Beziehungen.

Menschen erfahren auf einmal eine Verhaltensänderung, die ihnen mehr Positivität im Leben schenkt. Sie werden gelassener, mitfühlender und aufmerksamer mit ihrem Umfeld und können so die Dinge im Leben mehr schätzen lernen. Auch wenn der therapeutische Einsatz von Achtsamkeit noch ein junges Feld ist, ist sie schon beispielweise in

„achtsamer Gesprächsführung“ etabliert. Studien der Forscher Ryan und Brown haben zeigen können, dass regelmäßiges Praktizieren von Achtsamkeit ungesunde Gedanken- und Verhaltensmuster lösen konnte.

Gerade in der Arbeit mit schwierigen Emotionen kann Erschöpfung durch Achtsamkeitstraining vorgebeugt werden.

Im Folgenden sind die häufigsten Störungsbilder von Kindern in Deutschland aufgelistet, die mit Achtsamkeitstraining behandelt werden können. Achtsamkeit ist keine Heilmethode, aber Kinder können mithilfe von ihr begleitet werden und einen achtsamen Umgang mit ihren Krankheitsbildern gewinnen.

Angststörungen

Angststörungen sind eine der häufigsten internalisierenden Störungen überhaupt im Kindesalter. Angst ist ein Schutzmechanismus, schützt uns vor Bedrohungen und ist im angemessenen Rahmen vollkommen normal. Sie ist also essentiell für das Überleben eines Lebewesens.

Wird die Angst allerdings in Situationen verspürt, die in der Realität nicht gefährlich sind, ist sie stark ausgeprägt bis krankhaft. Hat das Kind immer mehr Angst vor großen Menschenansammlungen oder will bestimmte Orte vermeiden, ist dies ein Indiz für ein auffälliges Verhalten.

Die Angst äußert sich in erhöhtem Pulsanstieg, Herzklopfen, Schweißausbrüchen, Schwindel oder Schwächegefühl. Dabei löst nicht nur die Situation bei Kindern Angst aus, sondern auch allein der Gedanke an die Situation.

Laut DAK-Daten haben 1,9% der Kinder im Schulalter zwischen 5 und 17 Jahren eine Angststörung. Kinderängste sind somit weitverbreitet. Studien zeigen, dass Angststörungen bei Heranwachsenden mit dem sogenannten MBSR-Programm (Mindfulness-Based Stress Reduction) behandelt werden konnten. Das Programm bestand hauptsächlich aus

Yogaübungen und Meditationstechniken. Die Intervention hatte eine Dauer von acht Wochen und zeigte auch noch nach zwölf Wochen langfristige Effekte. Nach langer Zeit war es den Patienten wieder möglich, positive Gefühle in Gruppensituationen zu verspüren, und Vertrauen mit anderen aufzubauen. Das Stressniveau der Patienten reduzierte sich signifikant. Der Umgang mit Angst und die zugehörigen Bewältigungsstrategien werden anhand von Achtsamkeit also gut vermittelt.

Psychologen sind der Meinung, dass eine unsichere Bindung u. a. eine Ursache für die Entwicklung von Ängsten sein können. Gerade deshalb scheint es so wichtig, bei gewissen Störungsbilder die Eltern miteinzubeziehen. Kinder sollten also im Rahmen der therapeutischen Achtsamkeitspraxis in ihren Erfahrungen unterstützt werden.

Depressive Störungen

Immer mehr Kinder in Deutschland erkranken an depressiven Verstimmungen bis hin zu schweren Depressionen. Depressionen äußern sich genau wie bei Erwachsenen in Antriebslosigkeit, vermehrten negativen Emotionen, Traurigkeit, Abgeschlagenheit, Müdigkeit, Appetitverlust und mangelndem Freudeempfinden.

Oftmals erkennen Lehrer bei dem Kind aufgrund von Auffälligkeiten im Unterricht frühzeitig die Symptome einer Depression. Die Kinder können sich schlecht konzentrieren, sind lustlos und zeigen weniger Leistung auf. Laut DAK-Daten haben 1,5 % der Kinder im Schulalter eine depressive Störung.

Das gravierende dabei ist die kontinuierliche Steigung der Prävalenzrate (Wahrscheinlichkeit, mit der das Kind erkrankt). Zudem sei hier anzumerken, dass Mädchen doppelt so häufig betroffen sind wie Jungen. Es ist keine Seltenheit, dass Depressionen häufig mit Angststörungen auftreten. Gerade bei depressiven Störungsbildern spielt die

Selbstwirksamkeit eine große Rolle, die den Betroffenen häufig fehlt. Verspüren sie aber, dass sie ihr Leben aktiv in die Hand nehmen können und etwas durch ihre Handlungen bewirken, fördern sie ihre Selbstwirksamkeit.

Deshalb ist es in diesem Kontext wichtig, dass wir Kindern dies im Rahmen von Freizeitaktivitäten beispielsweise zeigen. Hobbys, die das Kind selbst plant und durchführt. Das Bauen einer Höhle kann eine hohe Selbstwirksamkeit fördern.

Zwangsstörungen

Zwangsstörungen bei Kindern werden oft übersehen und sind leicht durch das Kind zu verbergen. Achten die Elternteile, bzw. die Erzieher, auf die Verhaltensmuster, wird es schnell deutlich. Kinder mit Zwangsstörungen überprüfen häufig z. B. Türen, ob diese geschlossen sind. Zudem neigen sie dazu, nach jedem Essen die Hände zu waschen, sodass raue und spröde Haut die Folge ist.

Besonders im Schulalter wird es bemerkbar, wenn sie beispielsweise beginnen, die Hausaufgaben übermäßig zu kontrollieren. Vor Angst, sich zu infizieren oder verunreinigt zu sein, vermeiden sie das Anfassen von bestimmten Gegenständen.

Zwänge scheinen harmloser, als sie sind. Sie können viele Sorgen im Kind hervorrufen und evozieren enormen Leidensdruck. Auch wenn sich die Kinder oftmals dessen bewusst sind, können sie ihre Zwänge nicht „zähmen".

Die Prävalenz liegt zwischen 1 und 3 %. Auch hier eignet sich die Achtsamkeitspraxis, um Zwängen entgegenzuwirken. Gedankenfallen können erkannt und Strategien, wie man den Zwängen begegnet, erlernt werden. Den Kindern wird gerade hier vermittelt, dass sie keine Mitschuld tragen, die Zwänge entwickelt zu haben, und lernen, sich von der

Perfektion zu verabschieden.

ADHS

Wir alle kennen die Aufmerksamkeitsdefizit-/Hyperaktivitätsstörung aus vielen Filmen oder Fernsehsendungen. Es ist die meist diagnostizierte Störung im Kindesalter und ihre Prävalenzrate liegt bei 5%. Allgemein wird sie mit Beginn des Schulalters am häufigsten von Lehrern erkannt.

Die Kinder zeigen sich häufig unaufmerksam, sind motorisch unruhig und impulsiv, in dem, was sie sagen und tun. Die Folgen äußern sich sowohl im sozialen Umgang als auch im Schulalltag. Die Kinder werden ausgeschlossen, erfahren Stigmatisierung und haben schlechtere Noten in der Schule.

Eine Metaanalyse aus dem Jahre 2019, die 16 Studien einbezogen hat, konnte herausfinden, dass mittels achtsamkeitsbasierter Therapiemethoden sowohl die Unaufmerksamkeitssymptomatik als auch die Impulsivität von Kindern verringert werden konnte. Die Kinder konnten lernen, ihre Konzentration willentlich auf den gegenwärtigen Moment zu richten. Es gelingt ihnen, den Fokus auf nur eine Sache zu richten und das für eine längere Dauer als üblich. Sobald sie merkten, dass sie erneut mit den Gedanken abdrifteten, konnten sie sich erneut auf die ursprüngliche Aufgabe konzentrieren.

Aus Sicht der meditativen Traditionen leidet unsere ganze Gesellschaft am „ADHS-Syndrom". – Jon Kabat-Zinn –

HALTUNG DES LEHRENDEN

Was zeichnet einen guten Achtsamkeitslehrer aus? Wichtig ist hierbei zu erwähnen, dass der Lehrer ein Begleiter sein sollte, um somit dem Kind genügend Platz für Eigenverantwortung und Selbstständigkeit zu geben. Kinder sollten nach und nach lernen, Achtsamkeit für sich zu praktizieren und weniger von Ihnen abhängig zu sein. Dabei sollten Sie dem Kind alles Wichtige vermitteln und dabei aber auch persönliche Grenzen ziehen. Erkennen Sie von selbst, wenn es Ihnen zu viel wird. Artikulieren Sie dem Kind Ihre eigenen Gefühle und Bedürfnisse. Es ist dabei empfehlenswert, eine schöne Lernumgebung und Spaß an der Achtsamkeit zu schaffen.

Wie Sie sicherlich bestimmt schon wissen, trägt der Spaß zu einem größeren Lerneffekt bei. Jedes Kind hat genügend Potenzial, es muss nur genutzt werden. Wer motiviert wird, seine Fähigkeiten zu entfalten, kann sie nur deshalb zeigen. Dem Kind diesen Weg aufzuzeigen, liegt in der Verantwortung des Lehrenden. Ihm wird es immer mehr möglich sein, seine Stärken wahrzunehmen und kreativ nutzen zu können.

Wenn möglich, hat ein Achtsamkeitslehrer selbst viel Erfahrung in der Achtsamkeit und ist somit in der Lage, sein ganzes Wissen an zweite weiterzugeben. Es wäre weiterhin ratsam, auch einmal selbst in der Rolle des Schülers gewesen zu sein, um auch zu erkennen, welche Art und Weise des Lehrerenden hilfreich für einen war und welche nicht. Misstrauen in die Achtsamkeitspraxis wirkt sich auf Ihre Lehre aus.

Denn spürt unser Gegenüber, dass wir nicht hinter dem Konzept stehen, wirkt sich diese Erwartungshaltung auch auf sein Verhalten aus. Sind wir als Lehrerende voller Überzeugung, wirkt sich diese Haltung positiv auf das Kind auf. Es erweckt Ansporn. In der Psychologie nennt man dieses Phänomen selbsterfüllende Prophezeiung: Erwartungen beeinflussen schlichtweg Verhalten.

Behandle die Menschen so, als wären sie, was sie sein sollten, und du hilfst ihnen zu werden, was sie sein können. – Johann Wolfgang Von Goethe –

Seien Sie also bereit, sich selbst weiterzuentwickeln: Die Zeit, sich mit der Thematik zu beschäftigen, zu investieren, Literatur zu lesen, Filme dazu zu schauen, Yogamatten zu bestellen. Je mehr Expertise, desto mehr Sicherheit spüren die Kinder auch in Ihnen. Zudem weist der Lehrende Empathie und viel Geduld auf, die gerade bei Kindern wichtig ist. Kinder brauchen genügend Zeit, um die Aufmerksamkeit nur auf sich zu richten und die Umgebung zu ignorieren. Sie können nicht mechanisch arbeiten und das ist auch gut so.

Richten Sie Ihre eigene Aufmerksamkeit vielleicht auf die neugierige Weise von Kindern und lernen Sie selbst davon. Kinder sind kleine Forscher und können uns damit viel beibringen. Nutzen Sie das Potential, um sich von Ihren eigenen Routinen zu lösen, die Sie stagnieren lassen. Mit Gelassenheit und Offenheit kommen Sie weiter, als Sie bisher gedacht haben. Je achtsamer das Kind wird, desto mehr Impulskontrolle und Frustrationstoleranz wird es verspüren. Es wird lernen, sich selbst und seine Handlungen zu reflektieren und wird neue Bewältigungsstrategien in emotionalen Zuständen anwenden. Die Lehrperson kann ihm dabei die Hilfestellung geben, auf die eigenen Gefühle einzugehen und im Stande zu sein, sich selbst zu beruhigen.

Sowohl im Schulalltag als auch zuhause ist die Sprache ein wichtiger Aspekt der Achtsamkeit. Wie sprechen Sie mit den Kindern? Degradieren Sie das Kind mit Ihrem Sprachgebrauch? Oder fühlt sich das Kind überfordert, weil Sie eventuell eine Sprache sprechen, die es nicht versteht? Sei es eine Fremdsprache oder eine Sprache voller Fachtermini. Auch hier gilt also, achtsam mit den Kindern umzugehen. Passen Sie sich dem Kind an und sprechen Sie deutlich und präzise.

Das große Ziel in der Achtsamkeitslehre ist es, dem Kind das selbstständige Praktizieren möglich zu machen. Der Grad an Selbstbestimmung sollte demnach höher sein als der an Fremdbestimmung. Denn Fremdbestimmung evoziert lediglich ein Gefühl der Ohnmacht, mangelnder Freiheit und der Kontrolle durch andere.

Erst die Balance aus Selbst- und Fremdbestimmung, mit einem deutlichen Ausschlag zu ersterem, lässt unser Leben gelingen. – Helmut Glaßl –

Je mehr Selbstbestimmung das Kind erfährt, desto zufriedener und gesünder ist es und desto mehr Selbstwert hat es. Sie als Vorbild, indem Sie Achtsamkeit verkörpern, üben dabei enorm viel Einfluss.

Praktische Anregungen für den Umgang

Während der Achtsamkeitsübungen sollten sie ein paar Punkte im Umgang mit den Kindern beachten:

- Laden Sie Kinder dazu ein, Achtsamkeit zu praktizieren. Fordern Sie und erzeugen Sie Druck, bewirkt dies nur gegensätzliches. Je intrinsischer die Motivation der Kinder erfolgt, desto langfristiger wird es die Übungen mitmachen. Entscheidet sich das Kind, achtsam zu sein, sollte es jedoch wissen, dass es sich dann an Regeln, wie das Einhalten von Ruhe, halten sollte. Achtsamkeit funktioniert genau wie andere motivationale Prozesse: Es benötigt Willen, sie anzuwenden.

- Sprechen Sie weniger das Kind mit „du" an, sondern erzeugen Sie viel mehr ein gemeinschaftliches Gefühl, indem Sie „wir" benutzen. Geeignete Sprachmuster könnten sein: „Nun beginnen wir mit einer Achtsamkeitsübung, sobald wir alle zur Ruhe gekommen sind."

- Bemerken Sie selbst, dass das Kind abgelenkt ist, weisen Sie es achtsam darauf hin. Geeignete Sprachmuster könnten sein: „Bemerken wir, dass wir unruhig werden und uns gerne bewegen würden, widmen wir uns dem Atem. Ganz langsam atmen wir ein und aus."

- Erstellen Sie gemeinsam mit dem Kind Achtsamkeitsregeln und hängen Sie diese auf einem Blatt an dem Ort der Ruhe auf. Regeln könnten wie folgt formuliert werden:

- Ich höre immer achtsam zu, wenn ich mit anderen spreche.

- Ich bewerte nicht das Gesagte eines anderen Mitmenschen und gehe achtsam mit ihm um.

- Ich darf alle Emotionen spüren und fühlen, nach denen mir gerade ist.

• Hält sich das Kind trotz freundlicher Anweisungen nicht an die Verhaltensregeln während der Achtsamkeitsübung, so bitten Sie es, den Raum zu verlassen, um sich Zeit zur Reflektion zu nehmen.

Achtsamer Umgang mit Misserfolgen

Wir alle kennen es zu gut, wie frustriert wir sind, wenn die Dinge nicht so geklappt haben, wie man es sich gewünscht hat. Die meisten von uns haben genug positive Erfolgserlebnisse in ihrem Leben erfahren, um das Gefühl des Scheiterns zu kompensieren. Basis dessen ist unser Selbstwert und das damit verbundene Selbstvertrauen, dass Situationen in der Regel von uns gut gemeistert werden. Dieses bildet sich im Laufe unserer Entwicklung in der Kindheit aus. Indem wir uns anstrengen, bewusst bemerken, dass unser Verhalten eine Wirkung erzielt, verspüren wir in uns ein positives Erfolgserleben. Erhalten wir zusätzlich die Anerkennung und Wertschätzung unserer Eltern für unser Handeln, so verstärkt sich das positive Gefühl in uns.

Die Förderung des Selbstwerts durch die Bezugsperson des Kindes ist also zentral für unsere persönliche Entwicklung. Sie als Elternteil oder Lehrperson können also Einfluss darauf nehmen, wie das Kind mit Fehlern, bzw. Misserfolgen, umgeht. Hierzu die folgenden Anregungen:

- Vermeiden Sie jegliche Generalisierungen in dem Verhalten des Kindes. Misserfolge passieren spezifisch und haben nichts mit generellen Fähigkeiten des Kindes zu tun. Sprachmuster wie „Ich kann sowieso kein Mathe" sollten durch „Im Bruchrechnen bin ich noch nicht so gut" ausgetauscht werden.

- Finden Sie gemeinsam mit dem Kind heraus, woran es lag, dass es nicht die erwartete Leistung zeigen konnte. Hat das Kind die Aufgabe nicht richtig verstanden? War es am Vorabend spät im Bett und deshalb müde und unkonzentriert? Hat es sich selbst so viel Druck aufgebaut, dass die Angst seine Leistung blockiert hat?

- Wenn Sie herausfinden konnten, woran es womöglich lag, dann blicken Sie gemeinsam mit dem Kind zuversichtlich in die Zukunft. Machen Sie ihm deutlich, dass Erfolge nur erlebt werden können, wenn man auch Fehler macht, aus denen man lernt.

- Bitten Sie dem Kind Unterstützung an. Indem wir Kindern das Gefühl vermitteln, nicht alleine der Herausforderung gestellt zu sein, sondern sie bei dem Weg zu begleiten, entgegnen sie Niederlagen in Zukunft zuversichtlicher.

Offenheit

Allgemein sollte der Lehrende eine positive Grundhaltung einnehmen. Ein freundliches, aber nicht gekünsteltes Auftreten und eine ehrliche Ausstrahlung, die von innen kommt. Kinder können spüren, wenn die Mimik nicht zum emotionalen Zustand passt.

Seien Sie transparent, wenn es Ihnen nicht gut geht und erklären Sie dem Kind, dass es solche Tage im Jahr gibt. Übernimmt das Kind Ihre Positivität, so wird es ihm leichter gelingen, Probleme anzugehen. Es wird verstehen, dass ein Problem vorrübergehend und tendenziell lösbar ist. Mit einer optimistischen Art ist es nämlich viel einfacher,

Vertrauen in das Leben zu haben.

Seien Sie interessiert an den Erfahrungen, die Kinder mit Ihnen teilen wollen. Schenken Sie dem Kind bei Erzählungen vollste Aufmerksamkeit und öffnen Sie sich der neugierigen Welt von Kindern. Verabschieden Sie sich von jeglichen Vorurteilen. Bei all den vielen Tipps und Übungen sollten Sie jedoch nicht aus den Augen verlieren, dass die Wirkung von Achtsamkeit seine Zeit braucht. Es wird niemals sofort wirken und vor allem nicht, wenn man sie nicht übt.

In der Routine und der regelmäßigen Praxis liegt die Effizienz. Wer sich auch in guten Zeiten mit Achtsamkeit erden kann, der wird es auch in schwierigen emotionalen Zuständen schaffen. Kinder reagieren schnell begeistert und sind motiviert. Nutzen Sie diese Eigenschaft! Dennoch sind Kinder auch ungeduldige Wesen, die frustriert sind, wenn Dinge nicht sofort klappen. In diesen Situationen sollten Sie als Lehrender den Kindern mit viel Liebe, Verständnis und Geduld begegnen. Es braucht seine Zeit, bis sich Achtsamkeit in den Köpfen der Kinder etabliert hat.

Kapitel 6: Ausblick

Vielen Dank, dass Sie sich auf die Reise der Achtsamkeit eingelassen haben. Ich wünsche Ihnen viel Erfolg auf diesem Weg. Mögen all die vorgestellten Übungen und Hintergrundinformationen Sie und Ihr Kind bei dem Ziel begleiten.

Lassen Sie es zu, dass die Achtsamkeit Ihnen und Ihrem Kind mehr Entspannung ermöglicht und Vertrauen in das Leben schenkt. Genießen Sie gemeinsam mit Ihrem Kind die positiven Auswirkungen der Achtsamkeit und geben Sie sich dabei alle Zeit der Welt.

Vergessen Sie dabei nicht, Ihnen und dem Kind genug Geduld zu schenken. In der Achtsamkeit geht es weniger um das Tempo, wie Ziele erreicht werden, sondern vielmehr um die Erfahrung. Jede Erfahrung macht uns zu dem, was wir sind, ganz gleich, ob positiv oder negativ. Schöpfen Sie und Ihr Kind all die Energie aus der Achtsamkeit, die Sie benötigen, um baldige Herausforderungen anzunehmen. Nutzen Sie dafür gerne alle Ideen und Ratschläge aus diesem Buch.

Machen Sie aber lediglich das, was bei Ihnen und Ihrem Kind zu Wohlbefinden führt. Haben Sie keine Angst vor ungewohnten Übungen. Steigen Sie aus Ihrer Komfortzone aus und stellen Sie sich den Herausforderungen. Der wichtigste Punkt ist hierbei, sich vor Augen zu halten, dass Sie immer Ihr Bestes geben. Auch wenn Sie nicht immer achtsam mit Ihren Kindern umgehen, sind Sie nicht automatisch ein schlechter Mensch. Es gibt kein richtig oder falsch. Zudem sind wir alle Menschen und nicht perfekt. Anstatt Dinge zu bereuen, sollten Sie vielmehr die Energie dafür nutzen, aus den Fehlern zu lernen.

Viel wichtiger ist es, dass Sie sich selbst immer treu bleiben. Versuchen Sie so gut es eben geht, Ihrem Kind den achtsamen Umgang mit seiner Umwelt und seinen Mitmenschen zu lehren. Sie können ein wunderbarer Begleiter für Kinder sein, die Erfahrungen muss dennoch das Kind sammeln. Diese Aufgabe können Sie nicht übernehmen.

Ich wünsche Ihnen dabei nur das Beste!

Kapitel 7: Bonus

ACHTSAMKEITSANREGUNGEN FÜR KINDER

1. Hast du heute schon gelächelt?

2. Wenn du gestresst bist, atme 5x tief ein und aus.

3. Gehe jeden Tag mindestens einmal an die frische Luft

4. Beobachte für 3 Minuten die Wolken am Himmel

5. Sage zu jemandem etwas Nettes

6. Höre achtsam zu, wenn dir jemand was erzählt

7. Sitz gerade beim Essen und stopfe nicht

8. Überlege kurz, welche Tiere du heute gesehen hast

9. Entspann dich und höre 2 Minuten deiner Umgebung zu

10. Denk vor dem Schlafen gehen an etwas Schönes

ACHTSAMKEITSRITUALE FÜR KINDER

1. Dankbarkeitsritual

Was sind die drei schönsten Dinge, die heute passiert sind?

2. Fantasiereisen

Im Internet finden Sie zahlreiche Geschichten, die Sie Ihren Kindern vorlesen können. Begeben Sie sich mit Ihren Kindern gemeinsam auf diese Reise!

3. Meditationen für Kinder

Führen Sie gemeinsam mit Ihrem Kind eine kindgerechte Meditation durch, sodass es seine Körperwahrnehmung schulen und sich entspannen kann.

4. Achtsames Beisammensein

Achten Sie beim Essen darauf, dass keine Störfaktoren wie Handy etc. das Essen stören können und lassen Sie Ihr Kind vom dessen Tag erzählen.

5. Yoga für Kinder

Führen Sie beispielsweise den kindgerechten „Sonnengruß" mit dem Kind durch.

KURZE ACHTSAMKEITSÜBUNGEN FÜR ELTERN

1. Achtsamkeits-Übung

Such dir irgendein kleines Objekt und bestaune es für ein paar Minuten.

2. Achtsamkeits-Übung

Atme tief in den Bauch ein und ganz langsam wieder aus, bevor du auf ein Ereignis reagierst.

3. Achtsamkeits-Übung

Überleg dir jetzt 3 extrem positive Wörter und verwende sie so oft wie möglich.

4. Achtsamkeits-Übung

Sag einmal täglich bewusst NEIN zu deinem Schlechte-Angewohnheiten-Teufelchen.

5. Achtsamkeits-Übung

Frag dich vor deiner nächsten Aktion dreimal: *„Warum will ich das jetzt tun?"*

6. Achtsamkeits-Übung

Akzeptiere deine Fehler und überleg dir, wie du es beim nächsten Mal besser machen könntest.

7. Achtsamkeits-Übung

Achte mehrmals täglich bewusst auf deine inneren Gespräche.

8. Achtsamkeits-Übung

Nimm bewusst eine aufrechte und gerade Körperhaltung ein.

9. Achtsamkeits-Übung

Schreib dir am besten sofort drei deiner größten Stärken auf.

10. Achtsamkeits-Übung

Hol dir etwas Leckeres zu Essen und genieße es so intensiv wie möglich mit allen Sinnen.

11. Achtsamkeits-Übung

Programmier dir eine Erinnerung ins Handy und tue jeden Tag eine Minute lang bewusst NICHTS.

12. Achtsamkeits-Übung

Schreib dir jetzt eine Sache auf, die dir Energie gibt und eine Sache, die dir Energie raubt.

13. Achtsamkeits-Übung

Check jetzt mal kurz alle deine Sinne. Was siehst, hörst, fühlst, riechst und schmeckst du?

14. Achtsamkeits-Übung

Mach jeden Tag eine kleine Tätigkeit ganz bewusst in Zeitlupe.

15. Achtsamkeits-Übung

Gehe morgens barfuß ins Bad und achte dabei ganz bewusst auf den Boden.

SELF CARE FÜR ELTERN

Versuche dich heute 15 Minuten zu dehnen, um deinen Körper zu mobilisieren	Mache heute einen Spaziergang und nimm die Natur bewusst wahr
Antientzündliches Frühstück: Pflanzenjoghurt, 1 EL Leinöl, Zimt, Obst und Haferflocken	Nimm dir heute 15 Minuten Zeit für kognitives Training
Gönne dir heute ein Muskelentspannendes Bad oder eine Beinmassage	Schreibe 3 Dinge auf, für die du dankbar bist
Nimm dir heute 20 Minuten Zeit für eine Meditation	Erzähle einem Vertrauten, wie es dir heute wirklich geht

SELF CARE ÜBUNG ZUM AUSFÜLLEN

Dafür bin ich heute dankbar:

Für diese Woche habe ich mir folgende 3 kleine Dinge vorgenommen:

Diese 3 Dinge sind in der letzten Zeit zu kurz gekommen:

Das werde ich heute nur für mich tun:

Dinge, die mich glücklich machen:

Personen oder Dinge, die mich inspirieren:

Von diesen Freunden habe ich schon viel zu lange nichts gehört, das sollte sich ändern! (Telefonieren, Kaffee trinken, etc.)

Welche Erinnerungen machen mich glücklich?

Literatur

http://www.grammiweb.de/informativ/praxis/farben01.shtml (Stand: 30.04.20)

https://gedankenwelt.de/hinter-wut-und-rage-verstecken-sich-aengste (Stand: 28.04.20)

Prof. Dr. Wolfgang Greiner, Manuel Batram und Julian Wit (2019): Kinder- und Jugendreport 2019 Gesundheitsversorgung von Kindern und Jugendlichen in Deutschland Schwerpunkt: Ängste und Depressionen bei Schulkindern.

Barmer (2019): Das Schlafhygiene-Einmaleins.

Natalie Müllner (2019): Die Bedeutung von Schlaf für Schulkinder. Die Informationsbroschüre für interessierte Eltern.

Alexandra Karr-Meng (2018): Kinder achtsam erziehen. Wie Sie Wut, Streit und Geschrei aus dem Familienalltag verbannen.

https://www.elfenkindberlin.de/abendrituale-zum-einschlafen-fuer-kleinkinder(Stand: 24.04.20)

https://dfme-achtsamkeit.de/ (Stand: 24.04.20)

https://www.alltagsforschung.de/schone-tradition-die-psychologie-der-rituale (Stand: 23.04.20)

Christopher Willard & Amy Saltzman (2015): Achtsamkeit für Kinder und Jugendliche

Marco José (2016): Positive Psychologie und Achtsamkeit im Schulalltag. Förderung der Empathie.

Ursula Geisler & Jutta Muttenhammer (2016).

ACHTSAMKEITSÜBUNGEN MIT KINDERN UND JUGENDLICHEN IN DER PSYCHOTHERAPIE.

Eline Snel (2013): Stillsitzen wie ein Frosch.

Maren Schneider: Meditiere, aber richtig, in: Ursache/ Wirkung (2020), 9-14.

Anja Siepmann: Wohl sein in Zweisamkeit, in: Ursache/ Wirkung (2020), 25-26.

Karin Pollack: Der sechste Sinn, in: Ursache/ Wirkung (2020), 57-59.

https://lexikon.stangl.eu/1095/empathie/ (Stand: 02.05.20)

Stefanie Stahl (2015): Das Kind in dir muss Heimat finden.

https://www.achtsamkeitindernatur.de/ (Stand: 03.05.20)

https://www.geo.de/magazine/geo-wissen-gesundheit/204-rtkl-bewegung-die-besten-uebungen-fuer-eine-gesunde-kindheit (Stand: 03.05.20)

Susan Kaiser Greenland (2018): Achtsame Spiele. Achtsamkeit und Meditation für Kinder, Jugendliche und Familien.

Dominik Spenst (2019): Das 6-Minuten-Tagebuch. Ein Buch, das dein Leben verändert.

https://mt-spiele.hpage.com/kommunikation.html#Dspiel (Stand: 03.05.2020)

Raes, F., Griffith, J.W., Van der Gucht, K. et al. School-Based Prevention and Reduction of Depression in Adolescents: a Cluster-Randomized Controlled Trial of a Mindfulness Group Program. Mindfulness 5, 477–486 (2014). https://doi.org/10.1007/s12671-013-0202-1

https://www.sciencedirect.com/science/article/pii/S0022347616315487 (Stand: 03.05.2020)

https://www.mit-kindern-lernen.ch/lernen-kinder/motivieren/104-lernmotivation-10-kurztipps (Stand: 03.05.2020)

https://www.mit-kindern-lernen.ch/lernen-kinder/mit-fehlern-und-misserfolgen-richtig-umgehen/142-misserfolge-meistern (Stand: 03.05.2020)

https://doi.org/10.1037/0022-3514.84.4.822 (Stand: 03.05.2020)

https://journals.sagepub.com/doi/10.1177/1073191105283504 (Stand: 03.05.2020)

https://doi.org/10.1026/0942-5403/a000278 (Stand: 04.05.2020)

https://www.psychotipps.com/optimismus-prophezeiung.html (Stand: 04.05.2020)

https://www.elternbildung.ch/fileadmin/dateiablage/DE/SVEO/Erziehung/Eifersucht.pdf (Stand: 04.05.2020)

https://doi.org/10.1037/a0022826 (Stand: 04.05.2020)

http://www.institut-achtsame-kommunikation.de/informationen-zu-achtsamkeit/achtsamkeit-fuer-paedagogen.html (Stand: 05.05.2020)

https://www.wilabonn.de/images/PDFs/NachhaltigeKiTa/Praxisleitfaden_Beispiele_aus_den_KiTas.pdf (Stand: 05.05.2020)

https://fitnessfoodundms.de/2020/09/achtsamkeit-und-self-care-im-alltag/

https://www.deutschesportakademie.de/blog/achtsamkeit-mit-kindern

https://www.selbstbewusstsein-staerken.net/achtsamkeitsuebungen/

Wir danken Ihnen für Ihr Interesse und Ihr Vertrauen. Als Dankeschön dafür, haben wir eine besondere Überraschung. Wir haben exklusiv für Sie **30 Atemübungen für Kinder**. Diese erhalten Sie vollkommen kostenlos. Das klingt wunderbar? Dann warten Sie nicht lange und holen Sie sich Ihr Gratis-Geschenk.

Hier geht es zu Ihrem Gratis-Geschenk:

https://forms.gle/onAgb7q9mE9NCaXX7

1. **Öffnen Sie die Kamera-App auf Ihrem Smartphone und richten Sie die Kamera auf den QR-Code.**
2. **Klicken Sie auf den Link, der Ihnen angezeigt wird und schon werden Sie zur Website weitergeleitet.**

Impressum

Herausgeber: Orbita Media Verlag GmbH & Co. KG / Ericusspitze 4 / 20457 Hamburg
Kontakt: kontakt@empireofbooks.de
Website: https://empireofbooks.de
Coverbild: Shutterstock